ACUERDOS, DESACUERDOS Y RECUERDOS

COLECCIÓN FÉLIX VARELA # 45

EDICIONES UNIVERSAL, Miami, Florida, 2012

José Ignacio Rasco

ACUERDOS, DESACUERDOS Y RECUERDOS

INSTITUTO JACQUES MARITAIN DE CUBA
&
EDICIONES UNIVERSAL

Copyright © 2012 by José Ignacio Rasco

Primera edición, 2012

INSTITUTO JACQUES MARITAIN DE CUBA
y
EDICIONES UNIVERSAL
P.O. Box 450353 (Shenandoah Station)
Miami, FL 33245-0353. USA
Tel: (305) 642-3234 Fax: (305) 642-7978
e-mail: ediciones@ediciones.com
http://www.ediciones.com

Library of Congress Catalog Card No.: 2012944025
ISBN-10: 1-59388-238-6
ISBN-13: 978-1-59388-238-9

Composición de textos: María Cristina Zarraluqui

Diseño de la cubierta: Luis García Fresquet

Todos los derechos
son reservados. Ninguna parte de
este libro puede ser reproducida o transmitida
en ninguna forma o por ningún medio electrónico o mecánico,
incluyendo fotocopiadoras, grabadoras o sistemas computarizados,
sin el permiso por escrito del autor, excepto en el caso de
breves citas incorporadas en artículos críticos o en
revistas. Para obtener información diríjase a
Ediciones Universal.

A Estela Pascual Rasco, mi compañera y esposa a lo largo de la vida y más allá, y a todos los que como ella han muerto sin poder ver a Cuba libre.

Índice

A manera de Prólogo
La voz de José Ignacio Rasco 11

El V Congreso Internacional de la Democracia Cristiana........ 19

Carta abierta del Dr. José Ignacio Rasco, Presidente
del MDC, al primer ministro Dr. Fidel Castro 27

Reseña de la comparencia del Dr. José Ignacio Rasco
en el programa «Ante la Prensa» transmitido el
jueves 14 de enero de 1960 en La Habana, Cuba..................... 31

La razón de ser de la Democracia Cristiana 41

El comunismo está a nuestras puertas 53

Semblanza de Fidel Castro 63

Entrevista de Silvia Pedraza a José Ignacio Rasco
José Ignacio Rasco: una vida cubana en la oposición 115

Su Santidad Juan Pablo II recibe a José Ignacio Rasco en el Vaticano, Roma

A manera de prólogo

La voz de José Ignacio Rasco

José Ignacio Rasco es un hombre multifacético. Abogado, político, periodista, ensayista, profesor. Estudió Derecho, y Filosofía y Letras en la Universidad de La Habana. Organizó en la Colina *Dignidad Estudiantil*. Abrió con su hermano Ramón el bufete Rasco y Bermúdez en la Calle O'Reilly. Ejerció pocos años, pero se convirtió para siempre en defensor de las causas justas. Fundó en la Cuba de 1959 el *Partido Demócrata Cristiano* en un momento en que tanto la democracia como el cristianismo estaban en peligro. No sorprende que meses después, en 1960, tuviera que buscar asilo en una embajada. Nunca ha temido nadar a contracorriente. Ya antes, cuando muchos de su generación abrazaban la violencia revolucionaria, él veía en las urnas la *Liberación Radical* —así se llamaba el movimiento que constituyó con Amalio Fiallo y Manuel Artime— que necesitaba Cuba, y apoyó la lucha contra Fulgencio Batista con votos y no balas.

Publicó sus primeros artículos en *Información* y otros periódicos de La Habana. Muchos han visto la luz desde entonces en diversos rotativos del mundo pero especialmente en el *Diario Las Américas* de Miami. Sus columnas se han caracterizado por un estilo definido, de frases cortas, cortantes; de juegos conceptuales que probablemente aprendió leyendo a los clásicos del Siglo de Oro. Domina el lenguaje. Crea y recrea. Retoza con las palabras. Utiliza el humor para decir cosas muy serias. Divierte y enseña. Lo mismo hace en sus ensayos más largos. Es cierto que el estilo es el hombre. Pero por sus obras los conoceréis. Y en Rasco hay que ir también a su biografía para advertir los cuatro puntos cardinales de su trayectoria vital: Dios, Cuba, el mundo y la familia. Nada humano ni divino le es ajeno. Tiene la curiosidad de un niño. También hay algo infantil en la pureza y malicia de este hombre que desde joven fue maduro.

En el colegio de Belén donde sus hermanos y él se educaron, se destacó en los estudios y deportes, y alcanzó en 1944 el título de Brigadier, la distinción más alta. En ese mismo plantel jesuita comenzó su carrera docente. Más tarde enseñó en la Universidad de Villanueva, y, en el exilio lo hizo tanto en *Florida International University* como en *Biscayne College*, (ahora *Saint Thomas University*). Pero no sólo en el aula ha sido profesor. Sus muchas charlas, sus comparecencias radiales en la «Universidad del Aire» que dirigió por años inspirado en Jorge Mañach, las reuniones y ciclos de conferencias del Instituto Jacques Maritain de Cuba, su labor en la Biblioteca Ramón Guiteras y en la Editorial Cubana Luis J. Botifoll, han servido para que comparta algunos de sus amplios conocimientos sobre tantas materias.

La lección mayor que ha dado ha sido la de su propia vida, ejemplo de hombre cívico, que escoge las letras en vez de las armas, el diálogo y no el monólogo, la tolerancia en lugar de la intransigencia. Aprendió con San Agustín que el conocimiento es amor. Repite a menudo y practica uno de sus consejos: «En lo esencial, unidad; en lo dudoso, libertad; pero en todo, caridad.» Como San Ignacio, es hombre de acción. Como el santo vasco, diplomático, líder.

Ocupó altos cargos en el Banco Inter-Americano de Desarrollo en Washington, D.C., pero ninguno es fuente de mayor orgullo para él que haber sido electo y reelecto para presidir la Asociación de Empleados. Con los pobres de la tierra, prefiere Rasco su suerte echar. En el BID ganó asimismo un concurso por un ensayo sobre la integración latinoamericana —uno de sus caballos de batalla—, luego publicado en forma de libro. En su segunda residencia en Miami a partir de 1974, laboró en el Departamento de Desarrollo de *Belen Jesuit Pre-*

paratory School, precisamente en los tiempos en que el colegio se expandía de su pequeño local en la Calle 8 a sus amplias instalaciones de hoy. Fue miembro asimismo de la Junta Directiva de dicho plantel de educación. La familia belemita lo quiere bien. El 1ero de diciembre de 2010, junto a muchas otras organizaciones, le rindieron homenaje en los salones de la Biblioteca Ramón Guiteras en un acto muy concurrido, desbordado de elogios y cariño.

Animador de la cultura, fue fundador en 1982, primer presidente y principal motor del Instituto Jacques Maritain de Cuba (IJMC), inspirado en unos de los intelectuales católicos más influyentes del Siglo XX. Por tres décadas ya, el IJMC ha organizado reuniones íntimas (esotéricas), por muchos años en casa de José Ignacio y Estela, como lo hicieron en su tiempo Jacques y Raissa Maritain, al igual que un gran número de seminarios y ciclos de conferencias, la mayoría recogidos posteriormente en libros. El IJMC siempre ha mantenido un espíritu pluralista. Por su membresía y tribuna han pasado importantes personalidades, algunas lamentablemente ya fallecidas, como los Drs. Humberto Piñera, Fermín Peinado, José Ignacio Lasaga, Laureano Batista y Enrique Baloyra.

Hombre universal, Rasco es el más criollo de los cubanos, aunque desde hace medio siglo no haya podido ver las palmas, que como novias, lo enamoran y esperan. Padre, tío, abuelo y bisabuelo, mantiene aún ternura de nieto. Querendón y caballeroso, formaba un binomio perfecto con Estela Pascual, la compañera desde los años universitarios, que se le fue en 2011, discretamente, como era su personalidad. José Ignacio ha compartido con presidentes y reyes; considera a los amigos su mayor riqueza. Su casa ha estado perennemente abierta a tertulias y saraos. Siempre recibe con licores y sonrisas. Su generosidad es proverbial. En vacas gordas o flacas.

Ha viajado medio mundo y devorado centenares de libros. Se ha sentido siempre cómodo en el hogar, leyendo y releyendo a San Agustín, San Ignacio de Loyola, Santo Tomás, Maritain, Félix Varela, José Martí, Jorge Mañach y tantos autores que conoce a fondo. Es riguroso y bromista. Lógico y espontáneo. Espiritual y goloso. Pies en tierra, tiene mucho de Sancho. Pluma en ristre, intenta desfacer entuertos como Don Quijote. Muchas veces lo logra.

José Ignacio Rasco creció en el seno de una familia de hondas raíces cristianas. (Su hermano Emilio Rasco, S.J, fue por décadas profesor de la Universidad Gregoriana en Roma y reconocido experto en el Nuevo Testamento; Ofelia, la menor de los cinco hermanos y la única mujer, fue religiosa del Apostolado). Pero la misión de José Ignacio fue otra: crear y criar dos familias. La primera, junto a Estela —que tanto lo apoyó y se sacrificó gozosamente a su lado—, la de sus hijos María Rasco Lytle y José Ignacio (Joe) Rasco, Jr. y sus descendientes; la segunda, la de la Democracia Cristina Cubana. Este libro es, en parte, la historia de esa segunda familia. La idea de recoger algunos trabajos de Rasco en forma de libro surgió en conversación entre colegas del Instituto Jacques Maritain de Cuba, en el hogar del matrimonio chileno Ángel y Marta Correa, entre la pareja, María Cristina Zarraluqui y Pedro L. Guerra.

El volumen comienza con textos de 1959 y termina con una larga entrevista que le hace a Rasco en 1998 la Dra. Silvia Pedraza —distinguida profesora de sociología de la Universidad de Michigan en Ann Arbor, y autora de varios libros— revisada en 2011 por ambos con la ayuda de Pedro L. Guerra, actual presidente del Instituto Jacques Maritain de Cuba. El trabajo publicado en Bohemia sobre el V Congreso de la Democracia Cristiana al que asistió José Ignacio en Lima en octubre de 1959 es un documento medular, que sintetiza principios de la Democracia Cristiana que han inspirado a Rasco desde temprana edad. En la Carta Abierta que dirige a Fidel Castro en diciembre de 1959 y en su comparecencia en el programa Ante la Prensa en La Habana en enero de 1960 sorprenden la astucia y acrobacia verbal del joven Rasco en momentos en que quien hiciera cualquier comentario negativo sobre el gobierno podía terminar fácilmente entre rejas o ante el pelotón de fusilamiento. No extraña que fuera perseguido y se viera forzado a asilarse y salir del País en abril de 1960.

Ya fuera de Cuba, en su paso por la Patria de San Martín, se ha convertido en «misionero de la verdad», ansioso de advertir —aunque nadie escuchaba— sobre la realidad de su patria y los peligros que acechaban «Nuestra América». La entrevista que décadas después le hace la profesora Pedraza nos presenta a un hombre en el umbral de su era otoñal, que mira hacia atrás con sabiduría, recuerda sin nostalgias, y habla a calzón quitado, con la honestidad de un ser humano íntegro, sin dobleces. Como algunos de los textos provienen de testimonios orales, los que conocen a Rasco al leer este libro sentirán en ocasiones que lo están escuchando hablar —con esa «rr» que arrastra ligeramente—, gesticulando con las manos, de tú a tú, campechano y franco.

Fidel Castro es un personaje importante de este libro, no sólo por el desmedido protagonismo que ha tenido en la historia de Cuba por más de medio siglo, sino porque Rasco y él se conocieron bien, compartieron en las aulas del Colegio de Belén y de la Universidad de la Habana, y tuvieron amplios contactos en los primeros meses de la Revolución de enero. En la larga semblanza que dedica al dictador cubano, rememora anécdotas del joven Castro, da una visión balanceada de sus defectos y virtudes, se avala en opiniones de otros para trazar sus patologías, y lamenta que el antiguo compañero no haya usado su inteligencia, memoria y personalidad para el bien de Cuba. Aunque el retrato que ofrece de Castro es tan sombrío como *Las Pinturas Negras* de Francisco Goya, no hay en su visión rencor ni sed de venganza. En Rasco el amor al prójimo, a Cuba, a la justicia y sobretodo a Dios, cancelan cualquier posibilidad de odio. Ha hecho suya la fórmula martiana de la rosa blanca.

Rasco ha sido siempre un intelectual público. Un activista que desde el Partido Demócrata Cristiano, la Junta Patriótica, la Plataforma Democrática —organizaciones todas en las que ocupó papeles destacados— ha luchado siempre a favor de la libertad, la democracia, el estado de derecho. Le gusta viajar, aunar voluntades, recabar apoyo a la causa cubana. Para él la presencia es indispensable en la política.

Los trabajos que aquí ha reunido, con la ayuda de su gran colaboradora María Cristina Zarraluqui, no son necesariamente sus ensayos más enjundiosos, de estilo siempre pulido aunque espontáneo. No se trata tampoco, de un libro académico, con notas al calce, como quizás deba hacerse en el futuro en otra edición, para que generaciones venideras entiendan mejor el rompecabezas cubano. Estos testimonios orales y periodísticos, a veces escritos de prisa, guardan el ritmo acelerado de un trotamundos y el calor de lo vivido con autenticidad. Son la voz de Rasco. Por eso, el propio autor es asimismo el personaje central del libro.

Dos compañeros de aulas que encaminaron sus vidas por sendas opuestas, la formación y el desarrollo de la Democracia Cristiana Cubana, la lucha de los cubanos por su libertad y la propia vida y el pensamiento de Rasco son los cuatro hilos narrativos que tejen este libro. Ninguno de estos relatos aparece en su totalidad, pero todo cuanto aquí podemos leer es historia e intrahistoria, y contribuye a que entendamos mejor la personalidad poliédrica de José Ignacio Rasco y los intríngulis del quehacer político del exilio cubano.

Conozco a Rasco desde mi adolescencia habanera. Ha sido no sólo un amigo entrañable, sino maestro, mentor. Escribir este prólogo significa para mí un inmerecido privilegio. Lo he hecho con admiración pero también con el rigor y la honestidad que él merece. Nada aquí es hipérbole o elogio ciego dictado por el cariño. Las páginas de este libro le irán descubriendo a cualquier lector la trayectoria vital de un cubano bueno, demócrata y cristiano, que ha sufrido un doble exilio, pues como a muchos de su generación y de otras que le siguieron, le anularon la posibilidad de participar en la vida pública de su País. No dudo que con sus dotes, en una república democrática hubiera llegado a ocupar los más altos cargos. Pienso que hubiera sido un presidente de lujo, este político innato e innovador a quien le cabe Cuba en la cabeza y el corazón, como dijera de él recientemente Carlos Alberto Montaner: Fue algo más que perdió la Patria en su trágico Siglo XX.

Pero su legado no se lo llevará el viento. Se adelantó a su tiempo en la búsqueda de soluciones pacíficas y en la creación en la Isla de un movimiento político moderno. Este libro así lo comprueba. Son lecciones para la Cuba futura.

Uva de Aragón
Miami, 6 de junio de 2012

Portada de la revista *Vanguardia* de Lima, Perú del 30 de octubre de 1962 que rinde homenaje a José Ignacio Rasco.

El V Congreso Internacional de la Democracia Cristiana

por José Ignacio Rasco

(publicado en la revista *Bohemia*, La Habana,
6 de diciembre de 1959)

Esencia y existencia

Durante los días 23 y 27 de octubre del año en curso hubo de celebrarse una nueva reunión en Lima de todas las fuerzas —ya muy numerosas— de la Democracia Cristiana del mundo entero. Invitada por el Comité Organizador, Cuba también estuvo presente en calidad de observadora. No obstante, la delegación cubana, integrada por ocho personas, funcionó a plenitud sin que la presidencia del Congreso hiciera distinción entre los miembros en propiedad y los observadores asistentes.

En América Latina hoy no hay más que dos fuerzas que se disputan la hegemonía política y social y, vale decir, todo un estilo de vida: el comunismo y el movimiento democristiano. El capitalismo individualista y explotador, causa de tanta injusticia en los predios sudamericanos, pierde terreno por momentos y una masa ingente de millones de hombres despierta de su pereza inerte con hambre y sed de justicia. Las dictaduras, de izquierdas o de derechas, han resultado impotentes para detener ese afán de redención que se yergue con mayor ímpetu que los propios Andes. Una cordillera imponente de hondas preocupaciones estructurales constituye el espinazo central de una nueva América que brota insurgente. Después de los ensayos baldíos del justicialismo y del aprismo, las masas hambrientas del sur de río Grande no tienen otros cauces que el funesto del comunismo, alentado muy eficazmente por China y Rusia, o la Democracia Cristiana, que abreva en el sentido cristiano y democrático del mundo occidental.

Por fortuna para nuestros pueblos crece ya más rápidamente esta democracia espiritualista que la tiranía del materialismo marxista. Brasil, Venezuela y Chile marchan a la cabeza de este movimiento renovador por excelencia. Senadores, diputados, candidatos presidenciales y, sobre todo, el gran respeto y admiración despertados por esta nueva fórmula, dan testimonio muy alto de lo que puede hacer esta creciente fuerza en América. Ya en Europa, con Adenauer y De Gasperi, se demostró la importancia que para la Civilización Occidental significó la unidad de la democracia cristiana. Puede decirse que la interpretación cristiana de la dinámica política y social de todo el mundo corre sobre rieles democristianos.

En todos los rincones del planeta surgen núcleos convencidos y persuadidos de la necesidad de matrimonios el mensaje social del Cristianismo con las más puras esencias de la Democracia, pero no ya solamente desde el ángulo académico y teórico, sino con un mensaje de calle y plaza pública que incorpora también a las grandes multitudes, índice revelador de su conciencia de la hora actual. Delineada desde hace mucho tiempo la esencia democristiana como una ideología fundamental y totalmente renovadora y fraterna, hoy puede hablarse ya de su hermosa existencia real y potente en todo el mundo. También en el Hemisferio Oriental...

Ni puritanos ni católicos

Por supuesto que el esquema democristiano no constituye un diagrama de tipo católico o clericalista. No se forma a base de la fe de bautismo ni significa una limitación a la libertad religiosa. En sus filas hay protestantes, católicos, masones y algunos que no profesan religión alguna. Basta con que acepten los puntos fundamentales del Ideario y adopten una conducta honesta tanto en la vida pública como en privada, dentro de la disciplina propia de una organización política señalada en sus Estatutos.

No es una presencia exclusivista y arrogante que trata de monopolizar el criterio, sino una tesis popular que considera que la democracia no puede crecer mejor y más libremente que en terreno fecundamente cristiano. Ni es una cruzada guerrera que predica la guerra santa y violenta contra sus adversarios, pero sí una milicia cívica y moral que atrae por el ejemplo y cree en la persuasión. No es un grupo privilegiado que se considera escogido por Dios en la tierra para llevar a cabo una tarea purificadora sino que escoge un Ideal de libertad y de justicia social para implantar nuevas normas de convivencia, aceptables por todo el pueblo, sin creerse más puros ni mejores que nadie. El fanatismo pues, queda desterrado. Ni caben Cronwell, Savonarola, Robespierre o Stalin en sus filas. Tampoco es un sentimiento beato y piadoso de la existencia, sino una pasión volcánica puesta al servicio de la Verdad y del Bien, que no aspira al poder por el poder mismo, sino como un instrumento de sano nacionalismo y renovación económica.

Todas las dictaduras socialistas de Europa y América han combatido a la Democracia Cristiana. La presencia grave en Lima de algunos delegados de la Europa al este de Berlín, que llevaban la huella del exilio, así lo indicaba. Y las persecuciones de Pérez Jiménez, Odria, Perón... hablaban muy alto del valor democrático de los dirigentes venezolanos, peruanos, argentinos. También los ataques violentos y despiadados de las minorías reaccionarias y derechistas, abroqueladas en sus privilegios seculares, reflejaban el espíritu hondamente avanzado y audaz de la mentalidad social democristiana; que no es la de un reformismo tímido y paternalista, sino radicalmente revolucionario, aunque sin odio de clases, ni afán deletéreo, ni utopías irrealizables. Sin indiferencias liberales, sin terrores totalitarios, con propósitos de solidaridad fraterna para un mundo mejor.

Ni comunismo ni capitalismo

La fórmula democrática-cristiana busca en el terreno social la reforma de la estructura económica como un todo integral, donde prevalezca el bien común por encima de los intereses de clase o de grupos. Como las palabras en Ciencias Sociales siempre son peligrosas, porque se prestan a equívocos, conviene aclarar que no se pregona una lucha contra el capital ni contra el proletariado. El ser anticapitalista es estar contra los abusos del capital, no contra el capital, ni menos aún contra los capitalistas. Ni estar contra la demagogia comunista significa ir contra los intereses de las clases más necesitadas, ni siquiera odiar a los comunistas, —hijos de Dios también aunque ellos se considera huérfanos ateos— y, por consiguiente, hermanos de los cristianos, capaces de ser redimidos del engaño y la traición que significa la bestia roja.

Odio al capitalismo liberal e individualista, y ya casi totalmente histórico y al marxismo dialéctico —desgraciadamente no tan histórico— en cuanto que ambos sistemas son negación de todo espiritualismo y encarnación práctica de formas materialistas de la existencia, que guardan, como las reacciones químicas reversibles, una íntima conexión. Exento de todo espíritu de división o de clases el democristianismo social sostiene que la economía es para la persona humana, y condena todo tipo de explotación tanto socialista-estatal como capitalista-individualista.

Una tercera fuerza para un mundo mejor. Sin que esto signifique un eclecticismo estéril que trate de unir dos sistemas diametralmente opuestos en algunos ángulos, en que la libertad se ahoga a veces por defecto y otras por exceso. Ni mucho menos una posición «cerquista» entre el mundo de Occidente —cristiano esencialmente— a pesar de sus claudicaciones, y el mundo de Oriente —pagano básicamente— a pesar de sus orígenes y de su futuro. Ni con el imperialismo del dólar, ni del rublo. Pero que en caso de conflicto político de escoger entre Washington y Moscú —entre Lincoln y Lenin— habría que decidirse, con todos sus riesgos, por el mundo en que la libertad no perece. La Democracia Cristiana cree que las naciones de América tienen que exigir cuentas de justicia social internacional a los Estados Unidos porque las naciones fuertes deben ayudar a las potencias pequeñas, y, por eso, combate el imperialismo de habla inglesa o rusa, pero sabe que los temas de la justicia social, de fraternidad humana, de la dignidad y de la libertad, —hasta ahora al menos— han sido mejor traducidos a la lengua de Shakespeare que a la de Tolstoi.

En síntesis, se busca un humanismo cristiano no bajo el grito de «todos proletarios», sino «todos propietarios». Se justifica la intervención del Estado tanto cuanto sea necesario para el bien común. Pero se condena por igual el latifundismo del individuo que el latifundismo del Estado.

Prisa sin apuro

La Democracia Cristiana desde que surgió organizadamente aprendió la fábula de la liebre y la tortuga. Sabe que no por mucho madrugar se amanece más temprano. Y en Cuba hay que temerle a los madrugones. Tiene interés en alcanzar el poder, pero prefiere llegar bien o no llegar. Contra el oportunismo político y el maquiavelismo en los medios se ha pronunciado no sólo en la base pragmática, sino en el terreno de la acción. Le aterra el éxito pronto y fácil y lo ha sabido rechazar en múltiples ocasiones no aceptando pactos o fusiones disolventes con otros grupos políticos, ni utilizando las vías carcomidas de la intriga, la calumnia, la demagogia o la triquiñuela electoral. Un hondo sentido ético preside todas las tácticas y líneas estratégicas del movimiento. Es su mejor aval.

No se interprete tampoco que se marcha con desgano o lentitud. La tesis de que el movimiento se demuestra andando ha hecho presa en todas las corrientes del democristianismo. Nada de estancamiento narcisista. De ahí que, aunque haya filósofos y pensadores de mucha valía en sus filas, sea todo un plan de acción y trabajo. Tarea que siempre va más allá más allá y más allá del interés puramente electorero. La Democracia Cristiana ha enseñado que se puede trabajar y beneficiar al país antes de arribar al poder. Múltiples iniciativas de asistencia social, de profilaxis médica, de lucha contra el analfabetismo, de genuinas cooperativas, hablan muy alto del afán constructivo de no dejar para mañana lo que pueda hacerse hoy. Por eso no existe el oposicionismo sistemático entre sus hombres, ni el gubernatismo fanático. Se cultiva la crítica constructiva en un afán de ofrecer soluciones no de «cacarear» problemas. El ingenuo dualismo de las democracias liberales de oposición y gobierno, que sin ingenuidad han repetido los regímenes marxistas, va siendo superado con la vista puesta en el factor más ignorado: el pueblo.

Democracia por dentro y por fuera

Uno de los objetivos más perseguidos por los partidos demócratas cristianos es la práctica de la democracia dentro de la propia organización partidaria. Se parte del supuesto de que si no se es capaz de cultivar el sistema de gobierno de mayorías dentro del organismo y sus militantes no participan activamente en la programación y línea táctica se cae en los viciosos partidos tradicionales, donde una minoría, indiferente a su propia masa, se erige en dueña absoluta del partido y traba todo tipo de combinaciones políticas en beneficio de unos pocos o flota fácilmente sobre la balsa riesgosa de un caudillo.

La alergia absoluta frente a las dictaduras ha llevado a los demócratas cristianos a condenar y combatir todo tipo totalitario de gobernación, aunque sea transitorio, como pretenden los regímenes de cortinas y telones con la dictadura del proletariado y la hipócrita denominación de «democracias populares», redundancia imperdonable. Aun aceptando —hipótesis falsa, pero que hay que contemplar— de que Hitler con su nacional-socialismo, Mussolini con su rígido estatismo o Perón con su justicialismo descamisado hayan «hecho mucho por su pueblo» como dicen sus panegiristas no se pueden aceptar esos sistemas políticos, ni siquiera como puentes para cruzar sobre un torrente de injusticias reales. Entre otras razones, porque el precio de la dignidad y libertad humanas, están muy por encima de cualquier interés usurero de clase o de gobierno. El «milagro alemán», en cambio, con Adenauer y Eherhard ha probado que se puede hacer justicia social sin sacrificar la libertad democrática.

Apatías, simpatías y antipatías

Una de las campañas que más han impulsado los demócratas cristianos es la lucha contra los que por inercia mental o pereza de acción se han inhibido de preocupaciones políticas. Son honestos padres de familias, obreros laboriosos, industriales dinámicos. Muchos de ellos han perdido la fe en la política por el fraude de tanta apostasía en los movimientos políticos. La tesis de que «la política es un asco», creada por los propios políticos sin escrúpulos, ha logrado la inhibición de mucha gente noble ante la cosa pública. Pero estos señores al sentirse vinculados orgánicamente a un movimiento se sienten sujetos de actuación, personas, y no meros objetos, votos aprovechables.

De ahí la simpatía que en la masa neutra de clase media y obrera, de la ciudad y del campo, ha despertado. Y la proyección eminentemente popular —aunque no demagógica ni clasista— le ha valido la adhesión de los elementos más sanos de todos los sectores sociales. Por supuesto que todo no es un baño de rosas. Grandes recelos y calumnias se han levantado contra ellos. Todos los elementos ultraconservadores, con su miopía característica y su egoísmo estólido, los han combatido a sangre y fuego. Desde «comunistas» hasta «herejes» se les ha llamado para compensar los ataques de otros bandos que los han calificados de «cureros» y de «burgueses». Pero el tiempo, el mejor destructor de insidias, les abre cada vez más el espacio para su verdad ancha y profunda.

Nacionalismo e internacionalismo

La Democracia Cristiana conjuga admirablemente la idiosincrasia propia de cada pueblo con el sentido universal del hombre. Un nacionalismo sano que respete el sagrado derecho de la soberanía de cada pueblo y su capacidad de autodeterminarse, sin desconocer la solidaridad necesaria entre todos los países del mundo, esencialmente la de aquellos más vinculados por lazos históricos y espirituales.

En este sentido los partidos demócratas cristianos no forman ninguna «internacional» de la fuerza ni existe ningún tipo de conexión jerárquica o de subordinación a principios exteriores que atenten contra los legítimos intereses vernáculos. La unidad democristiana es sencillamente de tipo moral Es la vinculación que siempre surge entre hombres de buena voluntad que tienen los mismos ideales de alto servicio público y observan una conducta insobornable e intachable por su perfecta identidad entre el pensar, el sentir, el decir y el hacer.

Carta abierta
del Dr. José Ignacio Rasco, Presidente del MDC,
al primer ministro Dr. Fidel Castro

(Publicado en el periódico *Prensa Libre*, La Habana,
30 de diciembre de 1959)

Recibimos, con el ruego de su publicación, la siguiente carta del Presidente Provisional del Movimiento Demócrata Cristiano doctor Rasco, dirigida al Primer Ministro, doctor Fidel Castro:

La Habana, Dic. 30 de 1959
Dr. Fidel Castro Ruz
Primer Ministro del Gobierno
Revolucionario de Cuba.
Ciudad

Estimado señor Primer Ministro:

No me dirijo a Ud. en mi condición de viejo compañero de estudios del Colegio de Belén, ni de la Universidad de La Habana, títulos que obligan y que honran, pero que no otorgan derechos. Lo hago como simple ciudadano que es uno de los organizadores del Movimiento Demócrata Cristiano de Cuba con derecho a ser escuchado por las autoridades de la nación.

En días pasados en el programa «Ante la Prensa» Ud. se refirió al M. D. C. como un grupo integrado por latifundistas, politiqueros o garroteros. Como no puedo admitir la hipótesis de que Ud. es un demagogo o un falseador de los hechos, tengo que decirle que tenía Ud. aquella noche mala información sobre el Movimiento.

Usted y yo, doctor Castro, hemos discrepado en más de una ocasión en diversas cuestiones interpretativas. Es posible que volvamos a discrepar. No obstante nuestras disparidades Ud. con nobleza revolucionaria, que mucho le honra, ha sabido respetar mis ideas e incluso darme muestras de consideración y afecto. Pero no me creerá tonto ni capaz de «embarcarme» en una aventurita reaccionaria para defender a los mártires de la siquitrilla. Ni soy latifundista ni mimado de la fortuna. Ud., con su gran memoria, puede recordar cuanto esfuerzo hube de hacer para costearme mis estudios con el producto honesto de mi trabajo. Ni tengo ni tuve rentas jamás.

Mi pensamiento y mi conducta democrático-cristianos los conoce Ud., afortunadamente, hace muchos años, desde aquellos días en que trajinamos en la Democracia Social Cristiana con el P. Foyaca S. J. y de los empeños revolucionarios adolescentes que tantos recuerdos tienen para Ud. y para mí de «Convivio», donde aprendimos a soñar políticamente, acaso por primera vez.

Desde entonces Ud. y yo hemos andado siempre ocupados y preocupados por las cosas de Cuba: Ud. por los caminos ya muy gloriosos de su gesta libertadora que lo ha situado definitivamente en página de oro entre los grandes de nuestra Historia. Yo desde mi muy modestas cátedras de Cívica y de Historia de Cuba y en otros empeños, culturales y públicos, sin más satisfacción que el cumplimiento liso y llano de mi deber. Si revolución es construir, como muy bien dice la propaganda de O. P., todo el pueblo de Cuba —y yo también formo parte de ese pueblo— hemos contribuido con nuestro granito de arena a formar conciencia nacionalista.

Nuestra postura ha sido diáfana por completo. En un artículo publicado en la popular Revista Bohemia de fecha 6 de diciembre próximo pasado sobre el V Congreso Internacional de la Democracia Cristiana, celebrado en Lima, expusimos nuestras ideas de un humanismo cristiano sincero, que no puede, por principios, ser capitalista ni comunista.

En el Ideario de nuestro Movimiento verá Ud. nítidamente perfilado nuestros planteamientos básicos y se dará cuenta plena de que en el M. D. C. no caben esos elementos a que Ud. aludió en días pasados. Ni vea trastiendas que no hay, respetable Señor Primer Ministro. Todo lo hemos hecho a la luz del día. No empezamos a funcionar hasta que el Gobierno Provincial, luego de un estudio sereno y objetivo de nuestros estatutos e ideario, le impartió al Movimiento su aprobación y lo inscribió en el Registro Especial de Asociaciones. Y tan pronto alquilamos un modesto local tuvimos a bien comunicarlo a la Estación de Policía de la demarcación correspondiente. Sólo entonces pasamos la noticia a todos nuestros hermanos democristianos del mundo entero que han saludado con júbilo nuestra constitución.

Debo manifestarle que no hemos constituido un partido político. No es este momento que Cuba vive para alimentar impaciencias o ambiciones de esa índole. Seria malograr esta gran oportunidad histórica que exige mucho sacrificio y cooperación de todos los cubanos. Sabemos, además, que en Cuba como en todos los países democráticos del mundo en donde existe la Democracia Cristiana es preciso antes la tarea de indoctrinación y difusión de ideas que la tarea precisa de la acción política. Quien le dijere pues que hacemos tarea partidista política desfigura la verdad con ánimo de impedir nuestro desenvolvimiento. Tampoco pretendemos crear un instrumento político-religioso. Sería estúpido y antidemocrático. Y contrario a la misma esencia de nuestra doctrina aconfesional. En nuestras filas hay hombres y mujeres de todas las religiones y denominaciones. Nuestro Ideario lo podría suscribir igualmente el Padre Varela que José Martí. Lo hemos aclarado hasta la saciedad, pero ciertos elementos empeñados en crearle problemas religiosos a Ud., vale decir los comunistas, «cranquean» con malsanos despropósitos. Igual que los que quisieron inútilmente tomar el Congreso Católico con fines políticos y sembrar la discordia religiosa en un país como el nuestro, ajeno siempre a toda lucha sectaria. Muchos elementos contrarrevolucionarios desearían que Ud. nos disolviese para regodearse luego comunicando al mundo entero que en Cuba sí admiten a los comunistas, pero no a los demócratas-cristianos y que anhelarían sorprenderlo a usted en contradicción, pues fue Ud. mismo quien primero alentó públicamente la creación de un movimiento social cristiano en un programa de Televisión hace varios meses. Los que usurparon el nombre Demócrata Cristiano, de tanto prestigio internacional, para conjuras traidoras contra la Patria no vale la pena señalarlos.

Cúmpleme Dr. Castro invitarlo a que pase revista en nuestros locales del Registro de Asociados del MDC. Allí verá Ud. algunos nombres que le son muy afectos y que Ud. sabe incapaces de fomentar algún movimiento de felonía o de intereses inconfesables. Y que si hubiera alguno «colado», se sirva señalárnoslo para «sacudir la mata».

Como Ud. ve esta carta no encierra un espíritu polémico, pero sí aclaratorio. La he hecho pública porque Ud. nos aludió públicamente. Los que no tenemos otra fortuna que nuestra honra personal debemos velar mucho por ella porque el buen nombre es lo único que pensamos dejarle a nuestros hijos, pero créame, que cuando Ud. nos calificó tan duramente, aunque sin referencia personal, sentimos la misma ira santa que debió sentir Ud. cuando los voceros del batistato hablaban del Ejército Rebelde como una «cuadrilla de forajidos y comunistas».

De Ud. respetuosamente,

> Dr. José Ignacio Rasco,
> Presidente Provisional del
> Comité Gestor Nacional del MDC

Reseña de la comparencia del Dr. José Ignacio Rasco en el programa «Ante la Prensa» transmitido el jueves 14 de enero de 1960 en La Habana

(Publicada en el periódico *Información*, La Habana, 15 de enero de 1960)

«Estamos con la revolución en todo cuanto signifique avance», dijo su presidente, Dr. J. I. Rasco.

El Movimiento Demócrata Cristiano tiene una postura altamente social, según expresó su presidente, doctor José Ignacio Rasco, al comparecer anoche en el programa «Ante la Prensa», que se trasmite por CMQ-TV.

Los señores Luis Navarro, Carlos Castañeda y Manuel Braña integraron el panel de periodistas que lo interrogó. Como moderador actuó el doctor Jorge Mañach.

A la primera pregunta del panelista Castañeda, pidiendo al doctor Rasco una definición de la posición del MDC, porque esta organización en sus pronunciamientos nada ha dicho respecto a si da o no apoyo a la obra y proyecciones revolucionarias, respondió el entrevistado, que aún no se ha echo por el MDC un pronunciamiento crítico y sereno sobre la actualidad nacional, porque no se quiere caer en los vicios tradicionales de la politiquería, puesto que se trata de un movimiento de proyecciones renovadoras, y se quiere mantener una actitud constructiva y fecunda.

Añadió que «el Movimiento Demócrata Cristiano apoya totalmente las leyes del gobierno revolucionario en todo cuanto tienen de justas y de efectivas realizaciones para las clases que siempre han sido preteridas. Estamos con la revolución en todo cuanto signifique avance; no somos un grupito seleccionado, el nuestra es un movimiento de avance y todo el que conozca el Movimiento Demócrata Cristiano sabe que tiene una postura altamente social. El que sueñe en estos momentos con un partidito conservador o de tipo tradicional politiquero, es mejor que se vaya de Cuba, porque no está acorde con el momento que está viviendo la República».

El panelista Castañeda inquirió por qué el MDC no apoya codo a codo con otros sectores las grandes transformaciones que realiza la revolución. A ello respondió el doctor Rasco: «¿Usted trae algún mensaje del doctor Castro ofreciendo algún Ministerio o cargo en el INRA? Porque después de la claridad con que acabo de fijar la posición del MDC, de total respaldo a las medidas de avance de la revolución, me extraña la pregunta».

En ese momento intervino el doctor Mañach para justificar la independencia de criterio con que actuaban los panelistas; y seguidamente pasó a darle oportunidad al panelista Braña para formular la siguiente pregunta.

La interrogación fue respecto a un folleto publicado en Miami, en que se atribuye un interrogatorio hecho por el MDC al ex general Martín Díaz Tamayo, actualmente en el exilio. El doctor Rasco respondió que la pregunta daba la oportunidad al MDC para ratificar su conducta antibatistera. Y calificó de maniobra comunista la publicación del folleto. Señaló que así como cuando se logró la independencia de Cuba había gentes que tenían alma de anexionistas, así ahora, después de que la patria ha logrado su libertad, algunas gentes siguen con el alma batistera y tratan de deshonrar a los demás, dándole vuelta al odio, alentando el fuego en estos momentos que la nación necesita de una unidad más fuerte que nunca, frente a Batista y los que junto a Batista quieren traer de nuevo el pasado.

Calificó de desvergonzada y canallesca la maniobra que pretende situar al MDC junto a Batista; afirmando que esa es la técnica comunista y batistera. Añadió que fue Batista el que introdujo en Cuba el comunismo, y que por eso los comunistas siguen llevando a Batista en el alma; pero que aquí hay una juventud honrada, cívica y valiente, dispuesta a luchar contra Batista y contra todo lo que representó su oprobioso régimen.

Refirió que en Polonia el Movimiento Cristiano fue desterrado; que tampoco existe en Santo Domingo, ni en Nicaragua, ni Paraguay, porque donde no hay democracia no puede existir el Movimiento Cristiano.

Calificó de «rosablanquero» al periodista que trajo de Miami el folleto. A una aclaración del panelista, expresó el doctor Rasco que no hacía afirmaciones, pero que las evidencias eran muy claras y que tal parecía que ese periodista pertenece a «Ataja» o a «Tiempo en Cuba». Y añadió: «Hay que estar loco o ser muy estúpido, para juntarse con Batista y su camarilla».

Sobre por qué no se refutó con anterioridad lo publicado en el folleto, aclaró el doctor Rasco que «no podemos estar al tanto para todos los días salirles al paso a las calumnias, porque hay que hacer algo más constructivo en estos momentos».

Al llegarle el turno al panelista Luis Navarro, este comenzó rechazando el calificativo que de libelo diera el entrevistado al diario «Combate». El doctor Rasco respondió que «Combate» puede tener muchos méritos, «pero para mi, libelo es todo el que calumnie y difame».

Oportunidad del movimiento

A la pregunta de por qué surge el Movimiento Demócrata Cristiano en estos momentos y no se realizó antes, el doctor Rasco expresó que en la época de la dictadura de Batista no se pudo llegar a su formación aunque se trató de hacerlo, porque entonces no había libertad, mientras que ahora sus integrantes consideran que es el momento para una acción de ese tipo.

Dio a conocer seguidamente que la idea Demócrata Cristiana es muy antigua en Cuba, teniendo en todo momento un gran movimiento de opinión, como lo demostraron los que constituyeron en épocas anteriores la Humanista Integral, la Democracia Cristiana y otras colectividades similares.

Pero es ahora, agregó, cuando, acogido a la libertad existente, el Movimiento Demócrata Cristiano tiene verdadera oportunidad. A todo el que entra en él se le exige que no pertenezca a ninguna clase de actuación subversiva, en cumplimiento de nuestro reglamento, que ha sido aprobada por el Gobierno Provincial de La Habana.

Interrogado en relación a si cuando en época de Batista se constituyó la Comisión Bicameral para el tratamiento de asuntos electorales, él había liderado el Movimiento de Liberación Radical, respondió que era cierto y que en representación de esa entidad había asistido a las sesiones de esa Bicameral.

«Puedo entonces haberme equivocado, significó, pero cuando se obra de buena fe, y así lo hice, cuando se trata de buscar buenas soluciones aunque no se logren, no se puede acusar a quien actúe de esa manera. Además, consta que en aquella oportunidad no aceptamos la mascarada electoral que se pretendía realizar y no fuimos a los comicios, retirándonos de toda actividad dentro de la mentada Comisión Bicameral».

Contra todo tipo de imperialismo

A una pregunta relativa a si el Movimiento Demócrata Cristiano respalda firmemente la posición del Gobierno Revolucionario de Cuba en sus relaciones con el de los Estados Unidos, el doctor Rasco categóricamente declaró:

«Sí, la respaldamos. Combatimos todo tipo de imperialismo: lo mismo el yanqui que el comunista. Respaldamos, repito, la política valiente del doctor Fidel Castro y del Gobierno Revolucionario. Y aunque sabemos que el pueblo americano tiene grandes simpatías por Cuba, estamos de acuerdo en que hay que hacer una política inteligente, mantener una actitud de firmeza frente a la intromisión yanqui, y más ahora que tenemos al frente del Ministerio de Estado a un hombre de las condiciones de Raúl Roa».

Después de referirse a todos los problemas que surgieron después de haberse logrado libertar a Cuba del dominio de España, que culminaron con el establecimiento de la Enmienda Plat, y a como en la etapa revolucionaria de 1933 la misma quedó abolida, expresó:

«Sin embargo, tras de lograrse esa abolición, los Estados Unidos han estado interviniendo indebidamente en la política de Cuba. Ha llegado ahora el momento de hacer que ro continúe realizándolo. Ha habido crisis en las relaciones con el gobierno de ese país, por nuestra decisión de tratar con él de potencia a potencia, de que no se nos siga considerando como si fuéramos la dependencia de una metrópoli».

Definiciones

Fijó la diferencia entre el catolicismo, que es una religión y el Movimiento Demócrata Cristiano; «el sacerdote, dijo, tiene una misión espiritual tan alta que no debe intervenir en la política, sin que ello quiera decir que se coarte su condición de ciudadano. Por eso no queremos sacerdotes en nuestras filas».

«El MDC mantiene entra sus proyecciones la libertad religiosa: la democracia cristiana está separada de todo clericalismo. Nuestras proyecciones son las mismas de los demócratas cristianos de Chile y demás países donde este movimiento está organizado.»

Inquiriendo su opinión sobre la actitud adoptada en Miami por los sacerdotes cubanos O'Farrill y Aguirre, expresó el doctor Rasco que el Movimiento Demócrata Cristiano apoya a los sacerdotes que defienden la Revolución y repudia a los traidores.

Elecciones

Con relación a la oportunidad en que deben de celebrarse elecciones en Cuba, expresó que el Movimiento Demócrata Cristiano no es un partido politiquero, que no tiene prisa por la celebración del evento electoral y que, por otra parte, entiende que no debe de obstaculizarse la obra constructiva de la Revolución.

Agregó: «Somos partidarios de la democracia representativa, a la que sólo es posible llegar a través de las urnas; una democracia en que tengan debida vigencia los tres Poderes del Estado: el Ejecutivo, el Legislativo y el Judicial.

«Las elecciones no deben ser prematuras, pero tampoco pueden situarse para cuando los problemas económicos y sociales estén resueltos a plenitud, porque representaría una meta inalcanzable. Yo creo que es hora de que el Gobierno vaya pensando en su oportunidad.

«Naturalmente que la Revolución que ha llegado a la Reforma Agraria y a abordar otros aspectos importantes de la vida social y económica del país, también tiene que llegar a la política, para regenerarla de todo lo que ella ha tenido de deleznable en nuestro país hay que terminar con el «chantage» político, con el fraude electoral. Hay que ir sin prisa pero sin tregua, a preparar el terreno pera la consulta electoral, a través de la cual ha de implantarse una democracia de contenido social. Y a ello iremos, seguramente, tan pronto como se encauce el proceso económico revolucionario. No olvidemos que Fidel ha dicho que nunca ha de ir a la dictadura; y el mejor antídoto contra la dictadura es el proceso electoral.»

Otros temas

Respondiendo a diversas preguntas que se le formularon, en síntesis, expresó el doctor Rasco:

«No tenemos ninguna relación con la agrupación de trabajadores católicos, que tiene carácter sindical.

«EL MDC no es clasista; no es una organización de la clase media; en él caben todos los hombres de buena voluntad, con la sola excepción de los resentidos, los batisteros, los «siquitrillados». No somos en forma alguna un instrumento para los contrarrevolucionarios.

«Condenamos la quema de las cañas, como cualquier otra acción de tipo contrarrevolucionario.

«Para la defensa de la soberanía nacional estamos dispuestos a recibir adiestramiento militar si ello fuera preciso.

«No creo que tenga importancia la rumorada infiltración comunista en el Gobierno. No hay que olvidar que el pueblo de Cuba es anticomunista».

Recordó, al respecto, palabras del comandante Fidel Castro, relativas a que la Revolución cubana no puede aceptar el comunismo, porque el comunismo representa una dictadura: la dictadura del proletariado.

Puntualizando

El doctor Rasco fijó una vez más, la posición del Movimiento Demócrata Cristiano: «Ni con el capitalismo ni con el comunismo», contrario a toda forma de imperialismo y colonialismo. En suma, contra toda forma de absolutismo totalitario.

En cuanto al comunismo, expresó que después de la «masacre» de Hungría no tiene «ningún mensaje que ofrecer a la humanidad». E hizo votos porque se retorne en Cuba a la convivencia cordial entre todos los cubanos que aman la libertad, la democracia y la justicia social; haciendo posible que se, acepte a todo el que tenga que hacer una sugerencia o una crítica constructiva como un colaborador a la obra común de lograr una Cuba mejor.

Ni en la izquierda ni en la derecha

A una pregunta sobre la posición de izquierda o derecha del MDC, respondió el doctor Rasco: «Nosotros no miramos ni para la izquierda ni para la derecha. Mirar de lado tiene el peligro de que se tropiece y se caiga. Nuestra posición es como la de la rosa náutica, abrimos nuestros brazos a todos los que de corazón y con buena voluntad quieran unirse. El nuestro es un movimiento social de avance. No somos ni queremos ser reaccionarios ni cavernícolas».

A la referencia del panelista sobre la actitud que, sobre todo en Italia, ha adoptado el Movimiento Cristiano, unas veces en la derecha y otras en la izquierda, el entrevistado admitió la existencia de esas dos corrientes. Y seguidamente aclaró: «No quiere decir que el Movimiento Demócrata Cristiano sea demagógico, pero sí sucede que a veces hay demagogos. En ese caso hay que hacer limpieza. De vez en cuando hay que sacudir la mata».

La nota de EE. UU.

Con respecto a la nota enviada a Cuba por el gobierno de los Estados Unidos, dijo el presidente del MDC: «Debe responderse a esa Nota con toda la dignidad que el caso merece. Y es necesario, para demostrar al mundo que no es cierto lo que se dice en ella y poner en descubierto la falsedad. Demostrar con pruebas que los datos en ella contenidos no se ajustan a la realidad; y sí es cierto que algún funcionario ha cometido un hecho doloso, que se le separe».

Pregunta final

La última pregunta al doctor Rasco fue inquiriendo su criterio sobre una hoja suelta, suscrita por un tal Artime, que se ha hecho circular públicamente contra la revolución. «En primer lugar —respondió— tendría que saber qué dice esa hoja para poder dar mi opinión. Pero yo no pierdo mi tiempo leyendo literatura antirrevolucionaria».

A las 11:45 terminó el programa, que se inició después de las 10:30.

III Conferencia Mundial de la Democracia Cristiana celebrada en Santiago de Chile del 27 al 30 de julio de 1961.
José Ignacio Rasco asistió por Cuba como delegado en el exilio. En la foto de pie, al centro, haciendo uso de la palabra.

La razón de ser de la Democracia Cristiana

(publicado en el periódico *Prensa Libre*, La Habana,
9 de marzo de 1960)

El Movimiento Demócrata Cristiano nos envía, con el ruego de su publicación, el siguiente mensaje dirigido al pueblo de Cuba:

Los actuales momentos por los que atraviesa nuestra patria tan preñados de posibilidades y riesgos, exigen de cada ciudadano y de cada agrupación una clarificación de su postura frente a los acontecimientos que como confusa avalancha se precipitan a diario.

Conscientes de tal necesidad, los integrantes del Movimiento Demócrata Cristiano de Cuba, quieren exponer ante la Nación las raíces y las esperanzas que los han decidido a agruparse para brindar a nuestro pueblo su limpia voluntad de apoyo.

El Movimiento Demócrata Cristiano cubano no es un brote aislado que surge en nuestro país respondiendo a meras consideraciones locales. Se enlaza con toda una serie de respuestas a las más angustiosas preguntas de nuestro tiempo, y se apoya con el fraterno contacto de movimientos similares en casi todos los países occidentales y, con especial énfasis, en los demás pueblos hermanos de América. El Movimiento Demócrata Cristiano es algo más que un mero enfoque sobre la situación nacional, implica, una toma de postura radical frente a los graves problemas que agitan al mundo de hoy. Por ello conviene indagar sus raíces, examinar su presente, conocer lo que ofrece para el futuro.

Orígenes y fundamentos

El siglo XIX fue el siglo de las grandes Doctrinas Sociales. Liberadas de viejas trabas, las fuerzas económicas se lanzaron a una plena carrera productiva, ayudada por los grandes adelantos técnicos de la Revolución Industrial. El liberalismo político, la burguesía emprendedora y el capitalismo incipiente se conjugaron para viabilizar múltiples proyectos. El cuadro sin embargo, tenía un fondo que no pudo ser soslayado. Inerme frente a las fuerzas capitalistas, desunida y desamparada legalmente por los estados burgueses, la masa trabajadora fue presa fácil de la voluntad explotadora de los ambiciosos. Sumido en la más infamante de las miserias, el obrero vivió durante la primera mitad del siglo XIX en horrible infierno. Su desesperación lo llevó a explosiones vindicativas y ya en la Revolución de 1848 puso de manifiesto toda la sorda injusticia del régimen. Era evidente que el problema exigía fórmulas de solución.

Desde hacía décadas, hombres de diversas ideologías habían dedicado lo mejor de sus vidas a una revisión de las causas de tales desajustes. A medida que la cuestión se hacía más áspera y se requería una mayor conciencia, los luchadores fueron depurando sus doctrinas y agrupando en torno a ellos seguidores.

En riesgosa síntesis cabría señalar que a partir de 1860 tres grandes posturas podían discernirse: A) La de los que convenían en que el remedio exigía una solución violenta. B) La de los que pensaban que la democracia liberal había que aceptar la necesidad de un nuevo orden socialista, pero, que podía hacerse pacíficamente. C) Y la de los que creían que el sistema democrático no había fracasado, sino en cuanto se habla dejado dominar por un capitalismo materialista, y que por tanto, había que luchar tenazmente por la justicia social y por las reivindicaciones del proletariado sin renunciar a los valores de libertad y de dignidad.

Los primeros se agruparon junto al grito de guerra de Marx y Engels y se denominaron comunistas. Los segundos integraron las filas de los diversos partidos socialistas. Los terceros fueron los iniciadores y fundadores de la democracia social cristiana.

No hay duda que, hasta 1914, el grupo más numeroso e influyente lo fue el de los socialistas. En contra de lo que Marx creía, el capitalismo soportó el embate de las primeras crisis sociales y se modificó interiormente lo suficiente como para aliviar en forma harto evidente sus más duras condiciones. La legislación estatal acudió en ayuda del obrero, se hicieron obligatorias las condiciones de higiene en las industrias, se disminuyeron las horas de labor, se obtuvo el descanso retribuido, etc. Enaltecido por tales conquistas, el socialismo marcaba el paso y lucia como el campeón.

Entonces ocurrió el cataclismo de la primera guerra mundial. Los partidos socialistas no supieron estar a la altura de su misión y se dejaron arrastrar hacia la defensa de un enconado nacionalismo bélico. Como contrapartida, en el país más atrasado industrialmente de Europa, el menos adecuado para una revolución proletaria marxista, se logró la implantación del primer gobierno comunista. A partir del 1918, la fuerza del comunismo asciende en tanto que decae la del socialismo. En la década del 20 al 30 apenas si habrá grupos en el mundo de occidente que no sientan la fascinación del experimento bolchevique.

En la década del 30 al 40 las cosas cambian. El Soviet empieza a mostrar la férrea e implacable faz de la verdadera dictadura comunista; grandes pugnas y el omnipotente aparato represivo del Estado Ruso se convierte en un implacable y eficaz instrumento del grupo dominante. Por otra parte el ejemplo totalitario cunde. El resultado es bien conocido. Masas vociferantes en torno al líder infalible, miles de botas golpeando el suelo, despliegues de banderas, campos de concentración, exterminios en masa, la tortura y el aniquilamiento para el que discrepe. Y estalla la segunda guerra.

De las ruinas humeantes emergieron los pueblos con nuevas convicciones. El socialismo había fracasado en la teoría y en la práctica. La solución comunista desembocaba en la más dura y servil de las dictaduras. Y se había demostrado que las reacciones totalitarias a la amenaza comunista habían determinado iguales o peores dictaduras.

En Alemania, en Italia, en Holanda y Bélgica, en Francia, en todas las naciones que más hondamente habían sufrido la intoxicación nacionalista y el huracán de la guerra, grandes masas volvieron los ojos a los hombres que habían advertido que la justicia social hay que alcanzarla sin soluciones totalitarias, sin sacrificar la libertad y la dignidad. Hombres rectos que no se habían doblegado a ninguna presión ni dejado engañar por el espejismo de los éxitos aparentes de las dictaduras. Los Partidos Demócratas Cristianos, surgieron en Europa con, renovado vigor.

Allí donde los partidos demócratas cristianos han alcanzado el poder, o han podido ejercer su magnifica influencia, ha germinado una increíble reconstrucción material y espiritual. Luchando incansablemente por elevar el nivel de vida, Adenauer en Alemania, Don Sturzo y De Gasperi en Italia, han sabido conciliar la voluntad ascensional y las apetencias de las grandes masas, con el respeto a la libertad, con las esencias democráticas, con la exaltación de la dignidad. Realizando y actuando en los momentos más negros de sus respectivos países, con los recursos naturales de sus pueblos.

Demostrada ya la falsedad de la imputación con que siempre y en todas partes los enemigos han intentado confundir a la opinión sobre el Movimiento Demócrata Cristiano en el sentido de que se trata de un partido clerical, y aceptado que el triunfo del Movimiento implica el triunfo de una vigorosa fuerza de futuro, en Europa hoy, cada vez más, se percibe por todas las clases sociales, que esta bandera es la que mejor permite alcanzar un mundo de plena justicia.

La América Latina

Sometida a viejos y reiterados quebrantos, el avance del Movimiento Demócrata Cristiano en la América hubo de ser, necesariamente, más lento. En algunos lugares emergían las dictaduras y los caudillismos, en otros, un anticomunismo mal entendido, encubridor de múltiples injusticias, entronizaba las oligarquías y entorpecía el brote esencialmente democrático. Los grupos aislados de jóvenes demócratas cristianos se organizaban penosa y solitariamente, combatidos a un tiempo por la timidez de algunos espíritus religiosos propensos a alarmarse ante cualquier proclama social, y por otro lado, por los grupos marxistas que ven en su crecimiento un formidable enemigo.

En 1947 primero, y, en 1949 después, los representantes de los diversos grupos americanos se reunieron en Montevideo. Se señaló que el panorama político de América del Sur era desconsolador. Las condiciones económicas habían desmejorado con relación a las de la preguerra y, en tales circunstancias «no ha sido posible encontrar fórmulas que hagan de la democracia un régimen vivo y estable; las clases conservadoras siguen poseyendo el poder del dinero, mientras en la gran masa desamparada crece y madura un descontento que, en definitiva, parece capitalizar el comunismo».

Resulta notable que el comunismo no haya podido aprovechar mejor las circunstancias que se le brindaban y, en gran parte, se le siguen ofreciendo en América Latina. En la segunda reunión de Montevideo, los demócratas cristianos estuvieron de acuerdo en considerar al comunismo y al neo-fascismo como los grandes enemigos frente a los cuales era necesario definir posiciones. Las resoluciones que entonces se aprobaron son de una gran nitidez y conservan toda su validez. El movimiento demócrata cristiano en América Latina había llegado a su maduración doctrinaria. Le faltaba desarrollar una táctica y una estrategia política y conquistar las fuerzas suficientes para aplicar y encarnar en la realidad los principios. Era cuestión no sólo de la habilidad o talento político de sus dirigentes, sino de las circunstancias de cada país, las cuales eran propicias sólo en dos o tres de todo el continente.

Por lo mismo en tales condiciones era más conveniente aún reforzar los lazos internacionales de la democracia cristiana. Fue así como, en 1949, en Montevideo, quedó fundada la Organización de los Demócratas Cristianos de América (O.D.C.A.) y se aprobó su Carta Constitutiva. La O.D.C.A. se ha formado por los grupos o partidos de cada país, cada uno de los cuales designa su representante ante el Consejo de Organización. Se estableció una Secretaría Permanente con sede en Montevideo y se acordó la celebración de reuniones, interamericanas. A Chile le correspondió organizar la siguiente en 1950.

Sin embargo, debieron pasar casi siete años más para que se pudiera celebrar esa tercera reunión, en 1955, en Santiago. Durante esos años habían ocurrido hechos fundamentales. En Europa, los partidos tenían cumplida ya una asombrosa obra. Los esquemas de fuerzas tradicionales estaban rotos. Ese ejemplo había repercutido en países de América Latina. La espesa marea dictatorial estaba en descenso. Los demócratas cristianos de Argentina se organizaban legalmente después de la caída de Perón.

En el Brasil, terminada dramáticamente la aventura de Getulio Vargas, los grupos demócratas cristianos surgían en pleno desarrollo, sin compromiso con el pasado, después de una intensa etapa de formación.

En Perú, mientras la dictadura del general Odria contaba sus últimos meses, los demócratas cristianos, que no habían pactado, como tantas «gentes de orden» con el régimen nacido de un cuartelazo, se aprestaban a colaborar en la reconstrucción de la democracia. De hecho surgirían, a mediados de 1956, como una fuerza política y parlamentaria.

En Venezuela, bajo la indiscutida inspiración del doctor Rafael Calderas, COPEI mantenía una actitud de digna repulsa al régimen de fuerza instaurado por Marcos Pérez Jiménez.

En Uruguay y en Chile, los respectivos partidos Demócratas Cristianos ganaban fuerza y prestigio. Entre la Primera Reunión en Montevideo en 1947 y el Congreso que se inauguró en Santiago el 8 de diciembre de 1955, no sólo habían cambiado las circunstancias, sino que también, de modo natural, habían madurado los hombres de la joven generación que iniciara la empresa en América. Bajo el ejemplo inspirador de Tristán de Athayde o Dardo Regules los hombres más jóvenes, como el profesor de Sao Paulo, Andrés Franco Montoro, el abogado peruano Luis Bedoya, su colega argentino Manuel Ordóñez y el dirigente chileno Eduardo Frei, se habían transformado en «políticos» en la mejor acepción del término y eran personalidades de indiscutible valor.

Se había producido una maduración política que se pudo ver en el Congreso, cuyos debates permitieron apreciar que existía realmente una conciencia democrática cristiana latinoamericana, es decir, unidad de criterio para interpretar y solucionar los problemas básicos del Continente. Se había superado la etapa del academicismo y era ya un movimiento político en marcha, netamente definido como opuesto a toda dictadura, aceptando como supuesto básico el de que sólo dentro de un régimen de libertad los pueblos pueden ser educados y el de que la libertad política no basta, de modo que la democracia entendida en su sentido clásico, debe instaurarse también en el económico-social.

El Movimiento Demócrata Cristiano se presenta como la fuerza más vigorosa de todas las que están dando la batalla por la liberación de nuestros pueblos.

En octubre de 1959 se celebró el V Congreso Internacional de la Democracia Cristiana, en Lima. Se estudiaron todos los problemas que agitan nuestro Continente y se adoptaron conclusiones de gran trascendencia para la América del mañana. Cuba tuvo el honor de estar representada por primera vez, en un evento de tal naturaleza.

Se puso de manifiesto, una vez más, el empuje ascendente del movimiento, su papel de avanzada en la lucha por la liberación total de nuestro pueblo y su lealtad en aferrarse a las energías verdaderamente americanas.

El Movimiento Demócrata Cristiano en Cuba

Por su posición geográfica, por las virtudes naturales de su pueblo, por las recias figuras que han dirigido sus rumbos ideológicos, Cuba ha sido siempre una de las avanzadas de América Latina. Lo que en ella ocurre repercute siempre en el exterior.

Todos tenemos el trágico conocimiento de que en Cuba el 10 de marzo, un funesto golpe, interrumpió nuestro progreso democrático, añadiendo un eslabón más a la cadena dictatorial del Continente. Se inició el más oscuro período de nuestra historia. La repulsa primero y la lucha después contra la tiranía batistiana fue angustiosa, prolongada y dura. En ellas estuvieron presentes con mayor o menor grado de actividad, individuos de todos los sectores, de todas las clases y de todas las ideas. Al final, gracias fundamentalmente al heroico esfuerzo de un puñado de hombres que alzaron en las montañas su tenaz e increíble voluntad de victoria, la dictadura fue derrotada y se deshizo en fuga. Todo lo que estaba subyacente bajo el vivir de un pueblo mil veces defraudado y encarnecido, se levantó de pronto en vigor de torrente: el anhelo de honestidad administrativa, el empeño de justicia social, la supresión del juego, el afán de industrialización.

Pero toda revolución, precisamente porque abre a plenitud la posibilidad de acción a todas las fuerzas nacionales se carga necesariamente de riesgos. Hay energías que luchan por traer a nuestro medio soluciones extrañas o anacrónicas que frustrarían nuestra marcha por la libertad. Por un lado el marxismo aprovecha todos los medios que le son propicios, por otro lado también puede percibirse el alineamiento amenazador de los grupos que sólo sueñan con retrotraer la situación a las intolerables condiciones del pasado.

Ello es natural. También lo es el que un grupo de cubanos, jóvenes en su gran mayoría, sintiendo el llamado de los tiempos, hayan decidido aunar sus esfuerzos para luchar en Cuba por los ideales de la democracia cristiana, vinculando de inmediato su esfuerzo modesto, pero decidido, al empeño común que anima a los grupos que en todo el Continente luchan por los mismos ideales y se enfrentan a los mismos enemigos, es decir, a los que propugnan las dictaduras de izquierda o de derecha.

El Movimiento Demócrata Cristiano nace en Cuba con su propio caudal de ideas y de planes y no se asienta en ningún anti, ni viene a enfrentarse específicamente a nadie. El Movimiento Demócrata Cristiano, cargado de energía positiva, quiere aportar su mensaje y su acción al presente y al futuro de Cuba, sabe que su empuje ha de resultar fecundo para las ansias de renovación de nuestro pueblo.

Aplicando al caso cubano los principios teóricos que su doctrina mantiene, el M.D.C. propugnará y defenderá siempre las causas que considera vitales para el desarrollo de nuestro pueblo. Y porque uno de sus principios esenciales es «el acceso a la propiedad de las clases humildes», que evite el terrible contraste «entre unos pocos riquísimos y los innumerables pobres», el M.D.C. está por una Reforma Agraria que logre una justa distribución de la tierra entre todos los cubanos, sin desalojos ni arbitrariedades.

Y porque uno de sus postulados indeclinables es el principio de «la redención del proletariado», el M.D.C. está por una Reforma Industrial en la cual el contrato de sociedad supere al contrato de salario, y que vaya incorporando progresivamente a la clase obrera a mejores niveles, y que haga vivo y cabal en nuestro país el lema que la democracia cristiana ha llevado a cabo en otras naciones «todos propietarios».

Y porque una de sus tesis más fervientes lo es el derecho de cada pueblo a regir sus destinos, el M.D.C. está junto a nuestra soberanía nacional plena y erguida.

Pero con igual tesón, porque también es parte esencial de su doctrina, el M.D.C. luchará siempre por lograr el entendimiento entre las clases antes que la lucha infecunda; por lograr en nuestro medio la instauración definitiva de todas las libertades ciudadanas, sin cortapisas ni limitaciones directas o indirectas; por la creación de un estado de derecho democrático donde puedan alojarse respectivamente las posturas de las mayorías y de las minorías, donde todas las voces tengan el derecho a expresar sus pensamientos. El M.D.C. repudia toda forma de politiquería, pero cree firmemente que el cubano ha madurado lo suficiente para que pueda lograrse un clima de verdadera política, donde los partidos sean representantes de ideas y no de intereses, donde los elegidos vayan a luchar por la nación y no por sus amigos, donde los electores se atengan a su propio juicio y no a la influencia de la sargentería.

El M.D.C. cree firmemente que un pueblo alerta como el nuestro, que ha asimilado ya las trágicas lecciones del pasado, debe seguir lo antes posible, el único camino que permitirá la consolidación definitiva de todas las conquistas revolucionarias, el camino de las elecciones libres, democráticas y honradas. Y cree también que sólo se aprende a ser demócrata ejercitando los derechos de la democracia y que este derecho electoral es la forma más sana y segura de librarnos definitivamente de los dos grandes enemigos de los pueblos hispanoamericanos que en tantas ocasiones y con tan dolorosas consecuencias han abatido los mejores esfuerzos de superación, el golpe militar o el caudillismo sin freno.

Por eso nos dirigimos a la nación para explicar nuestra postura y hacer un llamamiento a todos los cubanos, para que nos ayuden a luchar por estos nobles ideales. Para estar con nosotros no es preciso practicar una religión determinada, ni tener un acendrado espíritu religioso, basta comprender los valores morales del Cristianismo, respetar la dignidad de la persona humana, creer y practicar la igualdad de todos, estar penetrados de la necesidad de realizar la justicia social, y luchar por que estas ideas florezcan dentro de un marco de plena democracia política, donde cada ciudadano tenga los recursos económicos; para vivir dignamente y los recursos legales para defender frente a todos esa dignidad.

Y porque estamos convencidos de que tales deseos son las doctrinas y creencias que enraizadas en el noble pensamiento de Martí han vivido siempre en la conciencia de nuestro pueblo, porque creemos firmemente que en cada cubano alienta esa tradición de democracia y de libertad, a todos los cubanos nos dirigimos y de todos los cubanos esperamos aliento y ayuda.

Comité Ejecutivo Nacional

Presidente: José I. Rasco
Secretario político: Enrique Villarreal
Secretario de actas: doctor Dámaso Pasalodos

Aclaración. El Comité Local de Libertad de Prensa de Periodistas y Gráficos de este diario expresa que el Cristianismo, una noble bandera, ha servido más de una vez para amparar mercancías dudosas, que es para lo que está siendo utilizado por el Movimiento Demócrata, apellidado cristiano. Un Cristianismo que, a ese efecto, puede reducirse al mínimo, a un mínimo tal que llega a ser microscópico y que permite a casi cualquiera unirse a sus filas con tal de que reclame las elecciones. No es este el lugar para responder a la tediosa exposición con pretensiones teóricas. No se trata de apabullar a la Democracia Cristiana, sino de salir al paso a los «demócratas cristianos» de por aquí. Pero hay algunas cosas de tanto bulto, que hay que rebatir aunque sea de pasada. El socialismo no excluye la libertad, y el mejor ejemplo lo ofrece la propia Revolución Rusa, que, en sus comienzos, aún en plena guerra civil y hasta años después, permitió el libre juego de las opiniones no contrarrevolucionarias. En resumen, el mamotreto no tiene más fin que protestar de la aplicación de la Reforma Agraria, insinuando tímidamente que se producen desalojos arbitrarios, y reclamar la celebración de elecciones para regresar a la politiquería. En cuanto a los asuntos verdaderamente graves que afronta la nación, aunque al principio del documento se señala la necesidad de que todos adopten una postura definitiva ante los acontecimientos, el MDC prefiere no hablar de los bombardeos desde bases norteamericanas, de las amenazas mediante maniobras en el Caribe contra unidades de guerrillas, del sabotaje del «La Coubre», en fin, de nada de lo que realmente es hoy el interés del pueblo cubano.

El comunismo está a nuestras puertas

(Programa transmitido por el Canal 13 de Argentina.
Notas taquigráficas del Canal)

Participantes: Dr. José Ignacio Rasco
Locutor

Fecha de transmisión: sábado 18 de agosto de 1962

Presentación del locutor

El Dr. José Ignacio Rasco, invitado especialmente por Canal 13 para disertar sobre su convicción de que El comunismo está a nuestras puertas, ha sido —hasta 1960— profesor de Historia de la Universidad Católica de Villanueva, en La Habana, Cuba, y presidente del Movimiento Demócrata Cristiano de Cuba. Se encuentra en la Argentina participando del Congreso de Congregaciones Marianas que se está celebrando en Luján y, en su calidad de Delegado Especial del Consejo Revolucionario Cubano para la América Latina ha visitado mucho y muy frecuentemente la mayor parte de los países de nuestro continente. Su personalidad democrática es ya reconocida en toda la América, sobre todo por su activa participación en congresos internacionales, principalmente en el Congreso Pro Democracia y Libertad, en Caracas, 1960, y el Congreso de la Democracia Cristiana del Caribe, 1961. Tiene escritos varios ensayos de trascendencia intelectual, y su tesis principal de encontrar la máxima libertad para el hombre a través del cristianismo ha quedado desarrollada en su ensayo «La Libertad en San Agustín». Aquí, en la Argentina, se ha publicado un libro conteniendo una serie de artículos que escribió en Cuba antes de verse obligado por el régimen de Castro a abandonar el país, cuyo título es «Cuba 1959». Canal 13 se honra esta noche con la presencia del Dr. José Ignacio Rasco...

Dr. José Ignacio Rasco

Muchas gracias por ese saludo, —que viene cargado de afecto y cordialidad— de esta amada tierra argentina que siempre ha respondido presente en los momentos difíciles de la patria de José Martí, la «Cuba que sufre», para decirlo en sus propias palabras....

Yo ando por tierras americanas, un poco como trotamundos, como misionero de la verdad de una Cuba irredenta, ante lo que ha significado de fiasco, de fracaso y de frustración para el pueblo de mi patria, al igual que para todos los pueblos latinoamericanos, que creyeron ver en el proceso revolucionario cubano, y en su líder, el Dr. Fidel Castro, la expresión o la encarnación de unos anhelos de redención, de justicia social y de democracia que, desgraciadamente, trágicamente, no sólo no se han obtenido, sino que se ha llevado a Cuba, esa «Perla de las Antillas», a los peores tiempos de su historia. Como tenemos la dolorosa experiencia de nuestra patria, nuestra misión por tierra de estos países que «aún creen en Jesucristo y hablan español», como dijera el poeta, es tratar de llevar el mensaje de dolor, de sinceridad y de experiencia que tenemos, porque hoy América Latina es una tentación mayúscula para el comunismo internacional, y toda su mejor artillería gruesa de propaganda verbal y de subversión se ha volcado a través de la cabeza de playa que es Cuba, sobre todo en este continente, especialmente de la cintura para abajo, es decir, al sur del Río Grande.

Nosotros, que lo hemos vivido, estamos viendo como se repite en toda la América una serie de hechos característicos que también en Cuba padecimos y que nos llevaron, al peor de todos los totalitarismo: el totalitarismo chino-soviético, y quisiéramos trasladarle esa experiencia nuestra a este pueblo argentino hoy, como mañana al uruguayo y como ayer al venezolano, por deber de solidaridad continental. Porque la batalla de Cuba, señores, no es batalla nuestra solamente, es batalla de toda la América. Hay una guerra que se libra en el Mar Caribe: la de los patriotas de la «resistencia cubana», y los que estamos en el exilio, porque allá no pudimos hablar más, estamos en conjunción de esfuerzos y fuerzas para ir a esta nueva batalla definitiva de la independencia de América, hoy pisoteada, para oprobio y escarnio, por el coloniaje chino-soviético que desde Pekín y Moscú dicta sus órdenes. Recientemente hemos visto cómo el comunismo está desarrollando, en todas las latitudes americanas, las mismas técnicas que se emplearon en Cuba para llevarnos al proceso de subversión... En Moscú, en 1960, —ratificados después los acuerdos en México, y meses más tarde en Centro América, en San José de Costa Rica, y finalmente, hace muy poco, en Uruguay— se trazó el plan de la estrategia comunista sobre este continente nuestro, el continente de San Martín, de Bolívar, de Martí, de Morazán, de Morelos en un plan basado, fundamentalmente, en diez puntos, como ellos mismo confesaron. Esos puntos se repiten en cada uno de los países americanos. No pretendo interferir en la política argentina, porque soy incapaz de hacerlo, porque respeto la absoluta soberanía y libertad de cada pueblo y porque no es mi misión interferir en los problemas que en este país, como en los demás países, pueda haber; pero es que el comunismo trabaja internacionalmente, y sus consignas generales son las mismas en todas partes. Si hay alguna repetición de ellas en el caso argentino, diríamos como en esas películas que se advierte que «es pura coincidencia». El ataque número uno del comunismo internacional, en estos momentos, está cifrado en las fuerzas armadas, en el desprestigio de su autoridad moral, como vivimos en el proceso de la tiranía de Batista en nuestra patria. Otra consigna es el ataque constante a la autoridades; civiles, militares, eclesiásticas, a las instituciones en general, con el ánimo de crear la desmoralización, el fusilamiento moral antes que el fusilamiento físico, como medio de desprestigiar la estructura y la organización de un pueblo, para que pase como pasó en nuestra patria, en la que la autoridad en un momento dado estaba en la calle y sin autor.

Otra consigna que han desarrollado los comunistas, y es parte esencial del plan que digo, es la amenaza y el atentado contra los anticomunistas declarados y, como compensación, la alabanza grande a los que Lenin llamó cruelmente, pero con realismo «los tontos útiles», es decir; toda esa gama múltiple y variada del arco iris de los criptocomunistas, filocomunistas y paracomunistas, que se dicen no ser comunistas Pero le hacen el juego al comunismo. A esos los alaban para cultivarles su vanidad, para cultivarles su ego. Para los otros, los que se declaran francamente anticomunistas, hay un plan que va desde el atentado personal, cuya experiencia ya hemos padecido, hasta el ataque verbal sin misericordia o la carga de epítetos de todas clases. Ya sabemos cuáles son los epítetos «reaccionario», «totalitario», «fascista», «lacayo del imperialismo yanqui», etc. Es para ir al desprestigio de todas aquellas personas o instituciones que puedan hacerle frente de verdad al imperio de las hordas comunistas.

Conflictos laborales y huelgas extemporáneas se están produciendo en toda la América, no ya en aquellos casos en que la justicia social lo exige o lo reclama o lo puede patrocinar, sino en fábricas donde mejores salarios se pagan, en industrias donde mejor trato se da al obrero. Un ejemplo; en los últimos 3 meses se han producido más de 18 huelgas en Sur América, huelgas que al cabo de una semana o dos, los propios obreros han tenido que volver a su trabajo porque se han dicho: «¿por qué vamos a la huelga si nosotros tenemos condiciones inmejorables?». Sencillamente: los cabecillas de las células comunistas fomentan la agitación por la agitación, el desorden por el desorden, con el fin de estragar la economía de un país. La acción de las turbas en las calles la hemos visto en varios países... Recientemente, en Venezuela y en Santo Domingo. Los actos de sabotaje contra grandes fuentes de energía se reproducen en distintos lugares de América. En estos momentos, se está produciendo fuerte infiltración de elementos jóvenes en los partidos políticos, en los sindicatos, en el ejército, en la universidad, en la prensa. Sobre todo, el comunismo esta yendo en America Latina sobre la universidad. No olviden ustedes que el comunismo jamás ha nacido en un barrio pobre. No es el comunismo reacción adecuada a la injusticia social de nuestro continente. El comunismo surge casi siempre en el salón elegante, en el liceo, en la academia, en la tertulia literaria. Allí está su fuente nutricia, y los grandes líderes comunistas continentales en Argentina y en Chile y en Cuba y en Venezuela son de clase media o clase media alta, o algunos millonarios, que viven como verdaderos maharajaes... Esa es la realidad. El comunismo, ni antes del poder ni después del poder, es una verdadera repuesta social, a pesar de toda la propaganda que vierta en América y los demás continentes. Lo hemos visto y padecido en Cuba.

Hoy, en nuestra patria, el obrero ha perdido todas, absolutamente todas sus conquistas sociales, que otrora fueron leyes sociales de limitación en las horas de trabajo y salario bien retribuido. Hoy se le paga en vales, es decir no se le paga. Se le da un papelito para que vaya al almacén del pueblo y lo cambie por mercancía, por la cuota de mercancía señalada en su libreta de racionamiento, cuota que es tan escasa, tan tremendamente escasa, que al hacerse estudios comparativos de lo que le corresponde al cubano actual por la libreta del racionamiento y lo que tenían los negros esclavos en Cuba en 1842, resulta que come una cuota diaria inferior a la del esclavo en aquel tiempo. Con cifras exactas lo voy a decir. Por ejemplo: carne o bacalao, tiene derecho solamente a tres onzas en 1962; en 1842 tenía derecho a 8 onzas. En arroz, 3 onzas diarias, capacidad máxima que se le permite si la encuentra; antes el esclavo tenía cuatro. Vegetales varios, el esclavo tenía 64 onzas diarias, contra 8 onzas actualmente. Harina y frijoles, 12 onzas antes y 8 onzas actualmente. La grasa, que en tiempos esclavistas se le daba según el consumo doméstico, según lo que produjese el corral familiar y no había, por consiguiente, tasa, ahora es de una onza al día solamente. Esa es la realidad. Ese es al fracaso más grande del comunismo en Cuba, porque Rusia y China no se han propuesto hacer, para ejemplo de América, un régimen cubano en vitrina grande y hermosa, en el que los pueblos de América puedan contemplar lo que pudiera ser un régimen supuestamente socialista y las «bondades» que pudiera tener. No, la misión primordial y fundamental –¡oídlo bien, hermanos argentinos!– de nuestra patria, es ser puente, cabeza de playa, acorazado sobre el Caribe, para bombardear desde allí ideológica y bélicamente a las latitudes americanas. Ese es al verdadero plan y Cuba es el centro nervioso, motor de toda la agitación subversiva, hecha a través de las Embajadas cubanas, en los pocos países que mantienen relaciones diplomáticas con Cuba, y a través del tráfico de «mercancías bélicas», de técnicos, de guerrilleros, de expertos en sabotaje que circulan desde La Habana y pasan por todas las capitales sudamericanas después de un intenso entrenamiento...

Pero voy a seguir, porque no quiero detenerme demasiado en simples aspectos del plan comunista que comprende otros, tales como «campanas de unidad nacional», que sirven para situar a los comunistas en puestos claves y así justificar la legalización de su partido. Como en todas partes los comunistas son una minoría, no pueden llegar democráticamente a posiciones que requieren mayoría. Entonces les es necesario coaligarse. De ahí la importancia que siempre tienen los «frentes populares» dentro de los planes comunistas. Ellos se combinan con los llamados «tontos útiles» que les hacen el juego, y una vez que están en el poder, es su momento oportuno para dar la «puñalada trapera», es decir: asientan la hoz y el martillo en la nuca de esos pueblos que creyeron alguna vez, ingenuamente, en que de verdad es el comunismo un modo político con el cual se puede convivir. Con el comunismo no hay convivencia ni «coexistencia pacífica» posible. Es régimen de tanque, de bayoneta, de «mig». Lo sabemos bien los cubanos, que hemos vivido la tragedia de La Habana, como lo supieron ayer —y los ignoramos— los húngaros y los polacos, en sus tragedias detrás de la «cortina de hierro». En América ya hay una cortina de caña. En América, el cáncer comunista, rojizo y urticante, está gangrenando las vísceras nacionales de cada país. Frente a una enfermedad de esa naturaleza no caben contemplaciones ni aspirinas para aliviar la cosa. Alberdi, el gran argentino, lo vio maravillosamente bien en 1844. No sólo es derecho de toda la América defenderse, sino que también es su deber intervenir en la extirpación del comunismo y cooperar con los que vamos a ser, como lo demostramos en anterior ocasión, operarios de esa acción: los cubanos.

Los cubanos somos los que vamos a poner los muertos, pero necesitamos la ayuda, el apoyo moral y material de toda la América, porque defendiendo los principios de la civilización cristiano-occidental y democrática que están en juego en el «Berlín americano», que es hoy nuestra patria, se están defendiendo también la libertad, los derechos del hombre y los derechos de Dios en toda la América, y si ayer, en la independencia, las tropas venezolanas, las peruanas y las argentinas coincidían en las batallas del poema emancipador, en nuestros días América tiene que estar alerta y beligerante frente a este drama y no lavarse las manos pilatescamente, porque en definitiva es un «boomerang» que puede operar contra todos. Esta acción ha costado ya mucha sangre en Venezuela, en Carúpano y Puerto Cabello, donde la mano castrista intervino para segar las vidas de varios miles de hombres, y en Santo Domingo, donde he visto también cómo turbas al servicio de los comunistas avanzaban sobre las calles, tratando de estropear el magnífico experimento democrático y libertario de ese país después de 30 años de horrible tiranía. Es en los países más desarrollados y donde más civilización hay en los que más fácilmente ataca el comunismo. Es lo contrario a lo que mucha gente cree. Cuba, señores, no era en 1950 un país subdesarrollado, ni una tribu incivil como algunos se imaginan o como algunos la presentan. En Cuba, el ingreso per cápita ocupaba el tercer lugar de América. En reservas de oro per cápita, también el tercer lugar. En promedio de salarios, el primer lugar de toda la América Latina con 6 dólares diarios el obrero industrial y 3 dólares el campesino. En promedios de extensión de fincas, Cuba ocupaba el primer lugar en proporción al número de sus habitantes. El tiempo no alcanzaría para describir todas estas estadísticas, que responden a datos tomados de la CEPAL, la ONU y otros organismos internacionales. En promedio de utilización del suelo, Cuba ocupaba el primer lugar por área cultivada. Lo mismo en comercio por las importaciones per cápita, Cuba tenía el segundo lugar; por las exportaciones per cápita estábamos también en segundo lugar. En número de automóviles, según sus habitantes, Cuba ocupaba el primer lugar de América. En ferrocarriles, de acuerdo con al área de su superficie, era el primer país, no solo de América, sino del mundo. En número de teléfonos ocupábamos el tercer lugar de América. En aparatos de radio estábamos a la par, y lo digo con orgullo, con la Argentina. En televisión, Cuba ocupaba el primer lugar por, el número de sus canales y, además, había un televisor por cada 18 habitantes, primer lugar en América. En entradas al cine Cuba tenía un promedio de 9 boletos por habitante, ocupando el primer lugar en América, siguiéndole México y Venezuela. En población alfabeta ocupábamos el 5to lugar de América Latina, etc, etc, etc.

No puedo seguir con estadísticas, porque el tiempo me apremia. Pero, en síntesis, les quiero decir que en 20 renglones de esos que se consideran esenciales para medir el alto standard de vida de un país, Cuba, en 1958, ocupaba 8 primeros lugares, dos segundos lugares y 6 terceros lugares. No era, pues, una tribu subdesarrollada. El comunismo ha querido presentarnos como a un pueblo harapiento y hambriento, porque así se justifican las cenizas, la sangre, el paredón, la ignorancia, el fracaso industrial, el fracaso agrícola, el fracaso político internacional tan grande que ha tenido la patria de José Martí, con este proceso traidor de la revolución cubana.

Brevemente, para dejarlos a la conciencia del televidente, analizo otros puntos a fin de que mediten sobre ellos. El comunismo se propone dificultar los procesos electorales, campaña de agitación que estamos viendo de un extremo a otro de la América nuestra.

Se dispone a emplear la autonomía universitaria, el fuero universitario, para controlar el pensamiento de los estudiantes y como lugar de escondite de propaganda, hombres y armas. Hay universidades que esconden actualmente armas para la subversión y sugieren sustituir, como en Cuba, el libro por el fusil. Se disponen al ataque continuo al plan de la «Alianza para el Progreso» y de cualquier forma de inversiones internacionales. La «Alianza para el Progreso» es un ensayo, y como tal hay que verlo. Un ensayo bien inspirado cuyo fracaso podría atribuirse a factores determinantes de burocracia o de desconocimiento de la realidad de cada país. Pero es un plan, un propósito renovador de pueblos y de gobiernos en las Américas. En estos momentos, tanto por la extrema izquierda como por la extrema derecha —vamos a decirlo con toda claridad—, se proponen ataques frontales a la «Alianza para al Progreso», porque pudiera ella resultar un mecanismo de superación y justicia social. El comunismo quiere mantener el pretexto de las grandes injusticias, el problema del subdesarrollo y el desequilibrio de la población de nuestros países como un aliciente para su prédica aunque, como ya dije antes, no sea allí donde se asiente la verdadera veta comunista.

Yo quisiera que en este mensaje que traigo al pueblo argentino —a las madres argentinas, a las novias argentinas, a las esposas argentinas— todos se dieran cuanta de lo que es la orfandad de los hombres cuando llega y se entroniza un régimen comunista. Yo quisiera que los sacerdotes, los obispos, las monjitas supieran también lo que es el comunismo antes de que el comunismo llegue al poder, para que eviten verse expulsados como en nuestra patria. Yo quisiera que el obrero, —el de cuello blanco y el que suda la camisa en la mina o en el campo— viera también qué es el comunismo, porque el retrato trágico de nuestra patria es que el comunismo en ella ha cercado, no solamente las libertades políticas y económicas, sino que ha creado una baja condición moral en los trabajadores por falta de decoro y respeto. Yo quisiera que los estudiantes, que a veces equivocadamente o por snobismo intelectual, le hacen el juego al comunismo en la academia, se dieran cuenta que hoy en Cuba no hay autonomía universitaria ni libertad de cátedra y el estudiante cubano ha perdido todos sus derechos y la universidad se ha convertido en escuela de indoctrinación del peor de todos los sistemas políticos del mundo. Yo quisiera, en una palabra, que los empresarios, los industriales, los comerciantes y todo el pueblo argentino tuviera conciencia, porque nuestro deseo es que la América crezca toda, la del Norte, la del Centro, la del Sur, porque el éxito y la salvación de este continente está en el éxito y en la salvación de cada una de nuestras patrias.

Si traemos nuestra angustia cubana es porque es angustia americana, porque es angustia de este continente que tiene derecho a no seguir siendo continente epiléptico por la subversión de la agitación permanente y si no estamos unidos, porque la geografía nos desune un poco con su diversidad de paisajes, «loca geografía», como dijo alguien, que a veces ha impedido que nos conozcamos un poco mejor, quizás ahora, en la lucha común, en el esfuerzo común en pro de la dignidad y decoro del hombre, en pro de la justicia, la democracia y la libertad, podamos hermanarnos más, principalmente los buenos argentinos con los cubanos que aman la libertad y la democracia, y con ellos, todos los pueblos del continente. Muchas gracias.

Semblanza de Fidel Castro

(Una versión de este trabajo fue publicada en el libro
40 años de revolución, Efrén Córdova, Miami,
Ediciones Universal, 1999)

El binomio Castro Revolución

Sin duda alguna, Fidel Castro es una figura que ha traspasado los linderos nacionales. Igual que su revolución. Entre ambos fenómenos se produce un paralelismo increíble. La revolución es un autorretrato del propio Castro. El ha sido el actor y el autor de toda esa gran tragicomedia que ha sido conocida y reconocida en las cuatro esquinas del mundo.

Uno de los errores más nefastos que cometió la dirigencia política, —y las no políticas—, en Cuba fue no reconocer la potencialidad del causante. La subestimación del personaje facilitó el camino revolucionario. Castro ha resultado el actor teatral más notable del siglo XX con un innegable carisma y talento para la intriga, el suspenso y el engaño más refinados. Si Luis XIV podía decir que «L'État c'est moi», Castro podría reclamar que «La Révolution c'est moi».

Castro y la revolución son mellizos, por no decir que son siameses. Castro se anticipó al descubrimiento de la clonación al lograr tal semejanza entre él y su hechura revolucionaria. Su omnipotencia ha sido tal que no se ha movido hoja del proceso revolucionario que él no la haya soplado. Aquí ha estribado también su estabilidad y su fortaleza, que con la improvisación y el cálculo, la alevosía y la traición, produjeron no una reforma, sino una verdadera revolución de las estructuras que se suponían más sólidas en la sociedad cubana. Que no fue revolución de «curitas y mercurocromo» como él mismo señaló. Pocas veces en la historia se ha vuelto del revés un país, de modo absoluto, como en el caso cubano.

Intentemos penetrar un tanto la personalidad tan compleja del dictador cubano. El hecho de haber tratado con Castro desde el bachillerato hasta graduarnos en la misma promoción de 1945 en el Colegio de Belén. Y luego convivir juntos en la etapa universitaria, y aún algo después de su triunfo, me permite tener una visión muy personal del sujeto. Aunque todo lo que digo es verdad no creo tener toda la verdad. Otros han conocido diversas facetas de la escurridísima figura. Con algunos de ellos he podido corroborar mis apreciaciones. Trato, pues, de presentar el caso de acuerdo con mi experiencia, la que he de exponer del modo más objetivo posible.

Testigo de cargo: El Castro que yo conocí

La etapa belemita

Recuerdo a Fidel cuando llegó al Colegio de Belén con un aspecto un tanto «aguajirado», de campo, de tierra adentro. Entonces era bien retraído, tímido, un poco cortado por su situación familiar y social. Como es sabido, Fidel era hijo natural de Ángel Castro y de Lina Ruz, quien llegó a la finca en calidad de sirvienta y terminó siendo la señora de la casa. Don Ángel era un español rancio, que había desembarcado en Cuba como soldado español para pelear contra los independentistas cubanos. Luego de terminada la guerra regresó a España, pero más tarde, volvió a Cuba para hacer fortuna —y la hizo— como terrateniente, al parecer, de poca ética en sus negocios. Se convirtió en un rico latifundista. Al decir de algunos era persona tosca, de modales rudos y duro con su hijo más rebelde, que era Fidel. Tal vez esta situación fue un factor en la decisión de enviarlo lejos, a La Habana, a un colegio privado de familias de clase media en su mayoría, pero que se caracterizaba por su gran disciplina académica, su sólida formación moral y el amor a los deportes.

El recién llegado de Birán, cargado ya de ambición y, con tenacidad más gallega que cubana, (Fidel es el más gallego de todos los cubanos) llegó a brillar en los deportes. Sobresalió en campo y pista, en «basket ball» y en pelota. Resultó un «all star» del colegio.

José Ignacio Rasco (izquierda) y Fidel Castro, del equipo de campo y pista del Colegio de Belén durante una competencia intercolegial.
Curso 1944-1945

Horas y días enteros de vacaciones lo utilizaba para practicar los deportes. Si no encontraba catcher tiraba la pelota contra los muros del cabaret Tropicana que lindaba con los patios del colegio. Podía ganar las carreras largas de 400, 800 y 1000 metros a veces en la misma tarde. Era un «caballo» de carrera. El único deporte que nunca pudo practicar fue el de salto de garrocha, en el que yo fui campeón intercolegial (entonces era bien flaco). Yo lo mortificaba bromeando cuando le decía que no podía saltar garrocha porque «es el único deporte que las mujeres no practican» (ahora sí por cierto), lo que le enfurecía transitoriamente. Luego el mismo lo comentaba con otros, pero ya en buen tono, cosa, por lo demás, muy rara puesto que carece de sentido del humor. No sabe reírse de sí mismo.

La gravedad solemne suele ser su modo ordinario de conversar. Anda muy ajeno al choteo cubano, no obstante ser ameno en su conversación, en la que gusta más de la hipérbole y del suspenso.

No era buen estudiante, «un filomático», como decíamos en Cuba, que sólo sabía estudiar sin participar en otras actividades. Pero siempre sacaba sus notas con buenas calificaciones aunque sin pertenecer a los primeros de la clase. Estudiaba a última hora con vista a las pruebas. Entonces era capaz de dormir casi nada. Y se pasaba días y noches preparándose para los exámenes. Con su prodigiosa memoria era capaz de aprenderse, al pie de la letra, cualquier texto. Como alarde solía arrancar las páginas de un libro una vez que las archivaba en su memoria. Era un verdadero «computer». Luego podías preguntarle lo que decía el libro de sociología, por ejemplo, en la página 50, y te la repetía con punto y coma. Recuerdo que en el último año le quedaron varias asignaturas pendientes del primer semestre. La norma entonces era que si no pasabas las asignaturas en el examen del colegio no podías ir al del Instituto para obtener el título «oficial» que daba el Ministerio de Educación. Fidel retó al inspector del año, el Padre Larrucea, para que lo dejara examinar todas las materias pendientes y que si sacaba 100 (el máximo) en las pruebas de Belén podría ir al examen del Instituto. Parecía imposible que lo hiciera en tan pocos días, pero lo logró. Si no recuerdo mal las asignaturas examinadas eran: Francés, Lógica e Historia de América.

Algo similar hizo después en la Universidad, pues se atrasaba en los cursos por sus actividades políticas, pero luego se ponía al día, con noches de insomnio, y era capaz de sacar más de una docena de asignaturas «por la libre», aprendiéndose los códigos de memoria.

Otra cosa que parecerá absurdo a muchos es la timidez inicial que padecía para la tribuna. En Belén había una Academia Literaria, «La Avellaneda», en la que el ilustre Padre Rubinos daba clases de oratoria. Pero para ser miembro de la Academia había que pasar una prueba que consistía en hablar durante 10 minutos, sin papeles, sobre un tema que se le daba al aspirante una hora antes. Pues bien, Fidel falló tres veces la prueba antes de pasarla. El profesor decía, viéndole sufrir en el podium: «si te pones cascabeles en las rodillas nos das un concierto de música». Tanto era su nerviosismo. De más está decir que pronto venció con creces sus timideces oratorias iniciales.

José Ignacio Rasco (derecha) y Fidel Castro, durante un debate parlamentario en el Colegio de Belén.

En un debate oratorio público que tuvimos en el colegio sobre la Democracia, a Fidel le tocó justificar la necesidad del «dictador bueno». Pero, en otra ocasión similar, fue un defensor de la enseñanza privada, mientras que a mí me tocó convertirme en abogado de la enseñanza estatal, en un debate que fue moderado por el Dr. Ángel Fernández Varela, entonces profesor del colegio, y en el que participaron también Valentín Arenas, Ricardo Díaz Albertini, Jorge Sardiña, Francisco Rodríguez Couceiro y otros. Por cierto que en la crónica sobre el acto del periódico comunista Hoy, el periodista se burló de Fidel a quien llamó despectivamente «el casto Fidel» al abogar por la educación privada y católica. ¡Ironías de la vida!

Resaltaba también por aquellos días la cortedad de Fidel con las muchachas. Recuerdo aquel enamoramiento que tenía con una bella niña quinceañera que vivía cerca del colegio a la que, sin embargo, era incapaz de declarársele abiertamente. Y otro compañero de curso, de poca estatura y ninguna figura atlética, más decidido que él le ganó la partida.

Entre las «locuras» de Fidel en el colegio, quiero recordar la apuesta que hizo con Luis Juncadella de que era capaz de tirarse de cabeza en bicicleta andante, a toda velocidad, contra una pared en las amplias galerías del colegio. Y lo hizo, al precio de romperse la cabeza y terminar inconsciente en la enfermería. Siempre he visto este absurdo episodio como una prefiguración de su ataque al Moncada en su afán de notoriedad. Sólo que en el Moncada embarcó a mucha gente, y, en el momento decisivo, él no chocó contra el cuartel.

En el colegio Fidel se ganó la simpatía de algunos profesores que veían el potencial del dinámico joven. El Padre Amando Llorente, el Padre Francisco Barbeito y el Padre Alberto de Castro mucho tuvieron que ver con él.

El P. Llorente, Inspector de División, en la nomenclatura del colegio, que luego fue Director de la ACU (Agrupación Católica Universitaria), se hizo gran amigo de nuestro inquieto condiscípulo. Llorente tenía mucha relación con los pupilos y mayores del colegio, y además, se ocupaba de fomentar el espíritu de expedicionarios o «boy scouts». Fidel ya mostraba gran interés por estas excursiones por montes y ríos donde daba muestras de sus habilidades físicas para andar por esos lares.

Para el Padre Llorente «la personalidad de Fidel Castro es muy difícil de definir. En cierto modo es un poco Quijote, un soñador, siempre soñando y, por otra parte, un hombre práctico para otras cosas. No es un modelo de hombre que hace bien todo, ni que resuelve las cosas ordinarias, pero si es un hombre que resuelve las cosas difíciles».

Hijo de un padre rico Fidel «siempre tenía dinero en el bolsillo, pero el dinero para él, según Llorente, no significaba nada, sólo era un medio para el poder. Lo único que le interesaba era el poder».

El Padre Llorente también recuerda cómo le pedía permiso para practicar sus juegos durante las noches y los días de asueto.

Sobre su tragedia hogareña Llorente ratifica las opiniones de los psiquiatras sobre el problema familiar. «Si no lo hubiera encontrado a usted yo diría que no tengo familia».

También el Padre Barbeito, profesor de literatura y Prefecto del Colegio, trató mucho con él. Barbeito era fanático de los deportes, especialmente de baloncesto, donde Fidel se distinguió más. Era un cura «chévere», de gran fuerza física. Le decíamos «el toro», pero además, de gran entereza espiritual, sin gazmoñería alguna. Muchas veces le oí decir que Fidel era «un diamante en bruto», que necesitaba pulirse mucho y predijo que aquel sujeto llegaría a cumplir misiones muy importantes. Pero tan pronto triunfó la revolución husmeó enseguida el tufo marxista de todo aquello en momentos en que otros jesuitas le daban, al menos, el beneficio de la duda.

Algunos profesores de Belén, no se engañaron con las apariencias, como el Padre Manuel Foyaca de la Concha y el Padre Miguel Ángel Larrucea. La opinión de Foyaca tenía un gran valor pues era un sociólogo cubano bien avanzado, nada reaccionario, que incluso había sido acusado de izquierdista por algunos católicos derechistas. Foyaca detectó y denunció enseguida el cariz comunista del ejército rebelde y de la Reforma Agraria promulgada. Larrucea nunca simpatizó con el díscolo belemita al que ya en Quinto Año de Bachillerato tuvo que quitarle violentamente una pistola que escondía bajo su camisa.

Un profesor ilustre, famoso orador y conferencista internacional, el P. Alberto de Castro y Rojas, que nos enseñaba Historia de Cuba, llegó a tener una íntima amistad con el chico de Birán. Y durante la etapa de la Sierra, en un popular programa de televisión que trasmitía en Caracas, defendió mucho a su antiguo discípulo, pero tan pronto llegó a La Habana, a principios de 1959, se dio cuenta del sesgo que tomaban las cosas y se espantó de lo que venía sobre Cuba.

A petición mía Alberto de Castro ha escrito un Informe sobre sus relaciones con Castro desde los días de CONVIVIO, círculo de estudios que había fundado en el colegio en 1942. Del largo resumen que me envío de Castro (ningún parentesco con Fidel) transcribo literalmente lo que resulta más atinente para nuestro análisis. Dice así:

> «Su finalidad (la de CONVIVIO): agrupar muchachos inteligentes y varoniles, con madera de jefes, y comprometerlos a estudiar y defender a ultranza los valores básicos de la cultura española y ajustar sus ideales políticos a la tradición histórica-jurídica de los pueblos hispanos. La rigurosa selección se hizo entre los jóvenes más prometedores que estaban cursando ya los últimos años del bachillerato.
>
> CONVIVIO tuvo una vida intensa en La Habana entre los años 42 y 44, que generó una profunda reforma pedagógica en el Colegio de Belén, con la fundación de la Pre-Universidad.

En 1945 se fundó una filial de CONVIVIO en Santiago de Cuba y posteriormente, en ocasión del Congreso de Pax Romana (hacia 1946), CONVIVIO tuvo una proyección importante en Madrid.

Desde su fundación Fidel Castro fue invitado para figurar como miembro activo del CONVIVIO. Aceptó con entusiasmo, pero no asistía con formalidad a las reuniones. Creía suplir este incumplimiento con sus frecuentes consultas privadas al Padre Alberto.

En 1945, cuando Fidel se graduó de bachiller, hizo expresamente un viaje de La Habana a Santiago de Cuba para pedirle al Padre Alberto que lo nombrara Presidente del CONVIVIO, pues deseaba figurar como líder para abrirse paso en la Universidad. Alberto le contestó: «Yo no nombró al Presidente, lo eligen ustedes mismos». Y los miembros de CONVIVIO eligieron por unanimidad a José Ignacio Rasco.

No obstante, Fidel siguió figurando como miembro de CONVIVIO y cuando años más tarde él se convirtió en uno de los líderes estudiantiles más influyentes de la Universidad, siguió tratando a sus compañeros de CONVIVIO con gran consideración.

A raíz del triunfo de la Revolución Cubana, apenas Fidel entró en La Habana, preguntó a los Jesuitas por el paradero del Padre Alberto. Enterado de que vivía en Caracas (donde se había convertido en una de las figuras más destacadas de la televisión venezolana), le envió pasaporte diplomático con el nombramiento de Comisionado Cultural at large en Europa y en América y le rogó que fuera a La Habana para consultarle. Al verlo llegar al Havana Hilton, interrumpió el mitin que estaba celebrando, lo abrazó estrechamente y le preguntó: ¿Y CONVIVIO? Alberto le contestó: en estos momentos el abanderado de CONVIVIO eres tú, confío en que cumplas su ideario.

Esta primera entrevista duró varias horas y durante ella Fidel recibía, en presencia del Padre Alberto, a todo el mundo y despachaba los asuntos urgentes. Alberto cayó en la cuenta de los equívocos ideológicos que ya se podían detectar en Fidel y tuvo muestras de su crueldad (por la manera en que resolvió el caso de los aviadores) y puso sobre aviso a los superiores de la Compañía de Jesús en Cuba.

El 23 de enero de 1959 Fidel se presentó en Caracas. El gobierno venezolano nombró al Padre Alberto para formar parte del comité de recepción. Fidel no perdió el tiempo y enseguida se encerró con Alberto en un cuarto muy privado y comenzó a darle cuenta de todos sus proyectos: quería luchar contra el imperialismo americano buscando el apoyo de Rusia. ¿Para qué esa lucha —le objetó Alberto— si semejante acritud no entra para nada en el ideario de CONVIVIO? Y añadió: me temo que por ese camino te vas a convertir en prisionero de tu propia victoria. Porque eres joven e inexperto y los rusos zorros viejos, que no tardarán en pasarte la cuenta. ¿Acaso eres tú comunista? Fidel afirmó tajantemente. «Por mi honor que ni soy ni seré jamás comunista. Eso no lo olvide, para su buen gobierno, aunque las apariencias me hagan aparecer como tal. Sólo por conveniencias de momento. Pero quiero acabar con las clases privilegiadas y no decepcionar al pueblo cubano. Le juro que me inspiro en el Evangelio. Yo necesito su concurso.

«Confidencialmente a mí Cuba me resulta muy estrecha, por eso, aunque de hecho mando, como líder de la Revolución, todavía no he querido aceptar ninguna responsabilidad de gobierno. Mi aspiración suprema es poder sentarme a gobernar el mundo entero en una misma mesa con el americano, el ruso y el chino. Yo como representante del bloque de naciones iberoamericanas».

Fidel dio órdenes imperiales a su Embajador en Caracas de no tomar ninguna resolución importante sin escuchar antes la opinión del Padre Alberto. Desde aquel día el Embajador lo llamaba diariamente por teléfono, a veces para consultarle trivialidades.

Pocos meses después Alberto (sin perder del todo la esperanza de hacer recapacitar a Fidel) celebró con él una última entrevista. Lo recibió en Cojímar y lo retuvo desde la diez de la mañana hasta la cuatro de la madrugada. A todo el que recibía (entre otras audiencias estaban la del Embajador americano Bonzal y el Ministro del Estado Agramonte) le decía que el Padre Alberto era la persona a quien más él debía en este mundo. Esto resultaba muy comprometido y, por desgracia, trascendió a Venezuela, donde la prensa comenzó a publicar que el Padre Alberto de Castro era la eminencia gris del gobierno. Pero recordemos sus palabras en la entrevista de despedida con Fidel:

«Fidel, te lo advierto con cariño: estás completamente desenfocado. Vuelve a la cordura. Cuba es uno de los países mejor conseguidos y de más alto nivel de vida de toda la América hispana. Además está situada en el área del dólar, con un cambio del peso a la par. Tú dices que es una colonia económica de los americanos. Eso no es más que una frase boba. Es demagógico y nada pragmático calificar eso de «imperialismo». Si te pones a coquetear con los rusos vas a dejar a Cuba en grave riesgo de convertirse en plaza fuerte paupérrima de Rusia. Dices que quieres convertirla en una Holanda o una Suiza. ¿Y cómo? No seas iluso. Tú me dices que tu «comunismo» no tiene nada que ver con el modelo ruso, porque es autóctono y está inspirado en la doctrina del Evangelio.

Siempre fuiste ingenuo y fácil de engañar. Y propenso a construir castillos en el aire. Bájate de las nubes y reflexiona sobre estos dos criterios que inculqué a los muchachos de CONVIVIO:

El fin de la sociedad civil es primordialmente la prosperidad pública. Después que se ha asegurado el bienestar de toda la nación, entonces se puede buscar una etiqueta bonita, que halague la vanidad y el orgullo de los ciudadanos.

La democracia, y sólo ella, es de derecho natural, y hay que tender siempre a esa forma ideal de gobierno, buscando la máxima aproximación posible. El comunismo, aún en sus versiones más sofisticadas, nos aleja de la democracia.

De mí no esperes ningún tipo de colaboración. Como sacerdote y amigo estaré siempre dispuesto a hacerte un favor personal. Pero ideológicamente nos separa un abismo. Creo que todavía estás a tiempo, el pueblo cree en ti y está dispuesto a ayudarte. No lo traiciones.

Después de esta despedida, Fidel, que es muy empecinado, envió por lo menos un par de mensajes a Alberto, para que fuera a Cuba a colaborar. Pero Alberto ni le contestó. Se limitó a no hablar mal de Fidel en público, para no amargarlo, por si algún día lo necesitaba como sacerdote».

En la colina universitaria

El contacto con la Colina Universitaria cambió radicalmente la actitud de Castro. Sin los contrapesos morales y religiosos que moderaban su conducta colegial, se sintió libre de toda atadura o compromiso. Inicia una etapa anárquica en su vida en la que pierde la poca o mucha fe que había adquirido en los claustros belemitas. Le entra una fiebre de publicidad, de darse a conocer por sus extravagancias, rarezas y aventuras. Suelta toda timidez o sentido de la moderación, el narcisismo y la megalomanía se apoderan de su persona.

Su primer discurso en plan de líder universitario, fue el 27 de noviembre de 1947, aniversario del fusilamiento de los estudiantes de medicina durante la colonia. Para preparar el discurso se pasó tres días en mi casa. Quería que lo ayudase a redactarlo. Así fue. Le di un contenido que, según Pardo Llada, resultaba demasiado martiano. Se aprendió el discurso de memoria y lo ensayó varias veces.

En esta etapa su afición por las pistolas se desató. Se afilió al grupo gansteril de la UIR (Unión Insurreccional Revolucionaria), que dirigía Emilio Tro, rival de otro grupo pandillero, el MSR (Movimiento Socialista Revolucionario) que comandaba Rolando Masferrer. En verdad Castro procuraba evitar roces peligrosos entre ambos grupos contendientes, y a veces coqueteaba con ellos y sus líderes. Tan pronto era perseguidor como perseguido. Todos estos afanes peligrosos le daban cierta jerarquía machista entre algunos dirigentes estudiantiles. Se le consideró autor o cómplice del asesinato de algunos líderes universitarios, entre otros, de Manolo Castro, Justo Fuentes, Leonel Gómez, pero, en verdad, las pruebas no aparecieron nunca. El propio sospechoso con frecuencia dejaba correr el rumor y la intriga. Tuvo un fuerte altercado con Francisco Venero, policía universitario, cuando este trató de desarmarlo. Según algunos, lo fusiló más tarde en la Sierra Maestra. También se le acusó del atentado a Oscar Fernández Cabral, sargento de la policía universitaria, el 6 de junio de 1948.

En cierta ocasión viajábamos en un auto con varios amigos y Fidel nos pidió botella (que lo lleváramos). Y al cruzarnos con otro vehículo, el propio Fidel de pronto se agachó y dijo: «creía que esa gente me iba a matar pues son muy vengativos». A la sorpresa siguió el silencio y el agachado estudiante se bajó pocas cuadras después. Nunca pudimos lograr que nos explicara aquella actitud.

Cuando fundamos, en 1948, el Movimiento Pro-Dignidad Estudiantil, con Valentín Arenas, Pedro Romañach, Pedro Guerra y otros compañeros, en un afán de adecentamiento y reformas universitarias, bien elogiado por Mañach, Fidel mostró algún interés en él, aunque dijo estar comprometido con otros grupos. Me cuenta un amigo común que en cierta reunión de la FEU alguien sugirió liquidar a varios líderes para abortar el Movimiento, pero Fidel adujo que esos dirigentes amigos y condiscípulos de él éramos «intocables», no obstante andar en bandos opuestos. Pero, sin embargo, las amenazas de muerte contra varios de nosotros, y de nuestros familiares, nunca cesaron.

Castro nunca pudo ganar la presidencia estudiantil de la Escuela de Derecho ni de la FEU (Federación Estudiantil Universitaria). Su amor por la urna apenas se probó en alguna delegatura de curso. Su actuación básica operaba más detrás de la bambalina que en las candidaturas electorales. Siempre andaba muy vinculado a elementos marxistas. Sin duda la mayor influencia que pesó sobre él fue la de Alfredo Guevara, comunista de partido, con gran poder de persuasión. Otros que giraban en la órbita fidelista eran Baudilio Castellanos, Benito Besada, Walterio Carbonell, Álvarez Ríos, Mario García Incháustegui, Lionel Soto, Luis Más Martín, Núñez Jiménez, Leonel Alonso, Flavio Bravo y otros «ñángaras» bien definidos. Dime con quien andas...

Para cierto público, ajeno a la universidad, el nombre Fidel Castro se iba dando a conocer como el de un joven intrépido que a ratos alborotaba la opinión pública, en comparecencias radiales, en un artículo de prensa, o bien en alguna de sus aventuras, como cuando logró traer la histórica campana de la Demajagua a la Universidad de La Habana. Pero para algunos estudiantes su fama se reducía al tríptico de botellero, gángster y comunista. Se decía que tenía una botella (empleo del gobierno que se cobraba, pero no se trabajaba) en el Ministerio de Educación, pero en realidad nunca se supo de prueba suficiente. Lo del amor por el gatillo era voz populi y lo de comunista ya era asunto polémico. Recuerdo que en 1958, a petición del amigo Pepe Mestre, se me invitó a una reunión de directores de bancos, para que explicara la personalidad de Fidel. Para gran escándalo de algunos señores (que vendían bonos del 26 de julio) desarrollé el tema tríptico: comunista, gángster y botellero. Solamente tres o cuatro de ellos me dieron la razón. Los demás defendieron al causante. Uno fue miembro luego del gobierno, pero todos murieron en el exilio totalmente desengañados.

Ruly Arango, otro amigo y condiscípulo del colegio y de la universidad, durante un tiempo fue «room mate» de Fidel en el Hotel Vedado cerca de la Universidad. Ruly trataba de catequizar al neo escéptico ex-alumno de los jesuitas, que antes se santiguaba en los juegos de baloncesto y hacía promesas y rezos en la capilla para ganar en toda competencia. Me acuerdo que una vez Ruly lo invitó a asistir a un retiro espiritual, de un día, en la Agrupación Católica Universitaria (ACU). Fidel se apareció muy tarde, pero pudo conversar al final con el grupo y también con el famoso Padre Felipe Rey de Castro, el fundador y director de la ACU. Su comentario sobre el estudiante revolucionario: «Muchacho de grandes cualidades de liderazgo, pero muy desorientado. En algo me recuerda a Manolo Castro, (otro dirigente estudiantil de muchos años y bien conocido en aquellos días), pero creo que es más ambicioso y temible que Manolo, el otro Castro (sin relación familiar)».

En la Plaza Cadenas, junto a la Facultad de Derecho, un buen día en 1948, me encontré con Fidel. Durante dos horas estuvimos conversando. Me contó de sus lecturas de Malaparte, Hegel, Lenin y Marx. En aquellos días pensaba en la necesidad de dar un golpe de estado. Y me asombró su conocimiento de la dialéctica hegeliana y de la estrategia leninista. Ya se sabía de memoria el «¿Qué hacer?» de Lenin. Y me dio una clase sobre la plusvalía de Marx. Entonces me dijo que había tomado cursillos de esos temas en Carlos III (sede del Partido Comunista) y trató de convencerme, con celo apostólico, que yo debiera asistir y comprar los libros «que allí se venden tan baratos».

Otras veces que se jactaba de saberse el «Mein Kampf» de memoria y se ufanaba de conocerlo mejor que Chibás. Allí aprendió el poder de la mentira repetida como arma esencial de la propaganda. También recitaba párrafos enteros de discursos de Primo de Rivera y de Mussolini, así como del libro ¿Qué hacer? ya mencionado, que lo aplicó en Cuba fielmente desde el propio año 59.

Otra anécdota histórica. En la antesala del examen oral de la asignatura de Propiedad y Derechos Reales, Castro pronunció una filípica contra la propiedad privada de una violencia increíble. Nunca lo había visto tan frenético y ante testigos, compañeros de clase, disparatar de ese modo, haciéndose eco de la interpretación de Marx sobre la plusvalía. Señaló que esa asignatura, y todo el Derecho Romano, debían eliminarse del curriculum, ya que «la propiedad es un robo» como dicen que decía Proudhon.

Luego continuó con un ataque despiadado al capitalismo, a la industria azucarera cubana controlada por los intereses norteamericanos en su totalidad (lo cual desde luego, no era cierto) por lo que era necesario una revolución radical para «expulsar al gringo» y controlar toda la estructura productiva por el Estado. Fidel apelaba a Walterio Carbonell para que corroborara lo que el decía. Y Walterio asentía más con la cabeza que con las palabras. Walterio era un comunista de partido, hombre bueno y sencillo, negro criollo, que se incorporó a la revolución y luego fue defenestrado como tantos otros por alguna diferencia con el partido.

Estábamos en tercer año de la carrera, cuando andábamos en los líos de asamblea para hacer una constitución universitaria. Me tropecé con Fidel y acordamos una cita para analizar los problemas de la universidad. Por sugerencia suya nos debíamos reunir fuera de la universidad, en una casa de La Habana Vieja (creo que estaba en la calle Lealtad). Lo cierto es que era en un tercer piso. La entrevista se convirtió en una conversación sin mayor importancia. Pero lo que me llamó la atención fue la copiosa literatura marxista de libros, folletos y revistas almacenados. Y el lugar resultó el local «donde duerme» Alfredo Guevara. Algún material era publicado en Cuba, pero la mayor parte provenía del extranjero y se repartía para América Latina y la

FEU se encargaba de distribuirlo en Nuestra América. Un grupo de Pro-Dignidad Estudiantil descubrió en los locales de la FEU parte de la literatura preparada para enviar a diversos países. Se produjo una reyerta y tuvo que intervenir la policía universitaria. Y la subversiva bibliografía fue desalojada de la universidad.

La participación de Castro en la Asamblea Constituyente Universitaria fue más de bambalinas que de actuación pública, aliado a elementos gangsteriles y socialistoides que nos combatían en todas las formas, incluso con amenazas de muerte para nosotros o nuestras familias. Terminamos la Universidad en 1950. A Castro todavía le quedaron algunas asignaturas pendientes, pero pronto terminó sin apelar para ello a las pistolas como se ha dicho erróneamente.

Tras el golpe de estado de 1952

En el año 1952 el golpe de estado del 10 de marzo dio comienzo a la dictadura batistiana, que rompió el orden constitucional y desencadenó un trágico proceso de violencia y sangre.

Nuestras discrepancias con Fidel aumentaron. El entendía que la única forma de lucha era la del alzamiento y del hostigamiento violento por medio del terror, de la bomba indiscriminada y de los atentados personales, lo que culminó con el desastroso e irresponsable ataque al Cuartel Moncada y al de Bayamo. Nosotros creíamos en la posibilidad de la vía electoral. Nos enrolamos en el Partido de Liberación Radical que formamos con Amalio Fiallo, Manuel Artime y algunos veteranos de los asaltos a los cuarteles de Santiago de Cuba y de Bayamo que, con muy buena fe, habían participado en esos afanes belicistas. Estaban decepcionados de esos intentos y desconfiados de Castro, entre ellos, Raúl Martínez Arará y Orlando Castro. Nos unimos todos en apoyo del Dr. Carlos Márquez-Sterling, que mantuvo la tesis del diálogo cívico, como Don Cosme de la Torriente, con vista a una salida pacífica y electoral. Pero todos aquellos esfuerzos fracasaron por la intransigencia del gobierno y de la oposición. Las grandes mayorías se tornaron apáticas y desinteresadas de toda política, cosa que la Sierra Maestra aprovechó para desarrollar una increíble propaganda en favor del ejército rebelde y de su caudillo máximo. Fue, para Cuba, el pírrico triunfo de las armas sobre las urnas.

En verdad se impuso una técnica de guerrilla psicológica, con una publicidad bien orquestada que logró crear un clima de inseguridad y de desestabilización que el barbudo de la Sierra supo promover y capitalizar desde el principio. Grupos opositores de magnitudes superiores fueron ignorados y destruidos por la mítica leyenda heroica de la Sierra, del Robin Hood. Muchos elementos civiles fueron rindiéndose a los úkases y deseos del líder que boicoteaba toda negociación pues quería «todo el poder para los soviets», aunque todavía aseguraba a la prensa que él no era comunista, mientras ya el ejército rebelde recibía lecciones de indoctrinación marxista-leninista. Y el New York Times y Mr. Mathews le servían a Castro de sonora caja de resonancia.

En el nuevo régimen

En 1959, a partir de enero, la euforia y la confusión se enseñoreaban del panorama cubano. Los dueños del periódico Información estaban bien preocupados por la situación. Sabiendo de mi conocimiento del líder revolucionario me pidieron que fuera a Santiago de Cuba a otear el ambiente. Yo era entonces ejecutivo y columnista del periódico Información, así que me fui acompañado por Fernando Alloza, un gran reportero, republicano español, que había sido dirigente comunista en sus años mozos, por lo que era un magnífico detector de los síntomas comunistas que otros todavía no querían reconocer. Allí supimos de los primeros y horrorosos fusilamientos dirigidos por Raúl Castro. Hablamos con muchos amigos, con gran cautela, pues el embullo, aún entre la gente más anticomunista, era desconcertante. Uno de los pocos que analizaba muy preocupadamente la situación era el Dr. Fermín Peinado, profesor universitario, dirigente católico y que había sido comunista también en su juventud. Para él no había dudas de la fuerte tendencia comunista de muchos dirigentes del 26 de julio. Volvimos a La Habana, y dos de los dueños del periódico Información, José Ignacio Montaner y Pedro Basterrechea, nos pidieron que tratáramos de ir a Santa Clara para ver a Castro antes de que se presentara en La Habana. Y así lo hicimos.

El 6 de enero —dos días antes de que el «máximo líder» llegara a la capital— nos entrevistamos con él en un rincón del Gobierno Provincial de Santa Clara. Allí conversamos a solas con Castro Alloza y yo. De vez en cuando interfería Celia Sánchez que cortaba la entrevista pues Fidel tenía que salir para Cienfuegos a un mitin público.

Luego de preguntarme por Estela, y de amenazar con ir a casa a comerse un arroz con pollo, me comenzó a criticar a Belén, a la oratoria de Rubinos y a «toda las boberías que nos enseñaban allá». Añadió que no tenía la menor intención de visitar el colegio, que los curas le habían negado el permiso a algunos empleados para ir al Moncada. Por cierto, varios de los que fueron murieron en el asalto. Fidel oscilaba entre un afecto jacarandoso y momentos iracundos. Nos hizo una apología del papel que habían jugado los comunistas en la lucha contra Batista, echó pestes contra los Estados Unidos. Se burló con ironía y sarcasmo de figuras políticas muy vinculadas a la revolución, muchas de las cuales integrarían el Gabinete con Urrutia. Trató de refutar nuestras observaciones críticas y, en algún momento, perdió la tabla. No obstante se quiso retratar con nosotros y enviar un saludo al pueblo de La Habana, de su puño y letra, a través de Rasco y Alloza. Nos dijo que fuéramos a oírlo a Cienfuegos. Cosa que hicimos. Allí dio un mitin público, de madrugada, con un tiempo friolento, y desbarró incoherentemente sobre los Estados Unidos, el embajador norteamericano y otros elementos «contrarrevolucionarios». Volvió a hablar de los imaginarios 20,000 muertos por la criminalidad de Batista. Hablaba inconexamente, balanceándose como si estuviera algo borracho.

Saludo enviado por Fidel Castro al pueblo habanero a través de *Información*. Foto superior: Rasco y Castro. Foto inferior de izquierda a derecha: Alloza, Castro y Rasco.

Pero al salir de la entrevista de Santa Clara, antes de ir para Cienfuegos, pudimos ver a muchos compañeros comunistas de la universidad. Allí nos encontramos también con otros amigos no comunistas, algunos de los cuales, bajaban de la Sierra. Entre ellos, Manolo Artime y Pardo Llada, que estaban aterrados de la penetración comunista y de la fría crueldad de los jefes implacables. Dijeron que aquello era mucho peor que lo de Batista. Incluso nos hablaron de la necesidad de conspirar de nuevo y quedamos citados para contarnos más en cuanto llegaran a La Habana señalando que podíamos reunirnos en la oficina de Millo Ochoa. Pero nunca se llevó a cabo la cita propuesta. Algunos decidieron seguir el camino de la infiltración en lugar de la confrontación...

Regresamos a La Habana. Allí hablamos con obispos, embajadores, políticos y amigos. Pero entonces tampoco «nadie escuchaba». En el campamento de Columbia, donde ocurrió el fenómeno calculado de la paloma, salimos preocupados con el discurso de nuestro antiguo compañero de aulas.

El discurso del 8 de enero de 1959 en Columbia no era el clásico discurso criollo del triunfo, de fiesta y alegría. Nada de reconciliación ni de apaciguamientos, en un momento en que todo el mundo quería convivir en paz y unión. Fue una típica pieza dialéctica de guerra, de amenaza y divisionismo, a pesar de aquello de ¿armas para qué? Sólo para desarmar a cualquier competidor. Un ataque violento al Directorio Revolucionario, contra Rolando Cubelas y Faure Chomon.

Un querido profesor de Belén, embobado con la revolución, al día siguiente del discursito de la paloma me dijo, al ver mis observaciones de aguafiestas: «Tienes el diablo metido en el cuerpo, le tienes envidia a tu compañero de curso... tú le ganarías en el colegio... pero ahora él es quien va a triunfar...».

Aquel profesor, deslumbrado muchos años con la revolución, al fin murió en el exilio. Así andaban los ánimos pasionales por aquellos días. Aún los más doctos sucumbían ante el hechizo carismático de Fidel y de la paloma que cayó calculadamente sobre sus hombros, que algunos blasfemos decían que era el Espíritu Santo.

El 22 de enero frente al Palacio Presidencial, Fidel convocó a una gran concentración donde la gente masivamente pedía «¡paredón!, ¡paredón! para los batistianos», asesinos de 20,000 cubanos». Erizaba ver aquella multitud fanatizada y engañada por una demagogia bien calculada y, alrededor del líder, algunos «burgueses» ya en el gobierno o aspirando a entrar, con caras hoscas, engreídos, pretendiendo ser más jacobinos que nadie; confundidos con el triunfo que pronto los defraudaría.

A la salida de Palacio Castro se encontró conmigo y de sopetón me dijo: «Tú vienes también a Venezuela, ¿verdad?» «No pensaba», le contesté, «y además, no he sido invitado como periodista». Y dio órdenes entonces a algún ayudante para que me pusieran en la lista. Así fue.

EJERCITO "26 de Julio"

El portador: Dr. José Ignacio Rasco
Grado: Periodista Información

Es miembro de la Comitiva del Ejército "26 de Julio", que acompaña al Comandante Dr. FIDEL CASTRO RUZ, en su visita a la República de Venezuela.

Habana, 22 de Enero de 1959.

Francisco Cabrera,
Comdte. Jefe Seg. "26 de Julio".

La organización y la salida de aquel viaje fue todo con gran desorden y atraso. Al llegar a Maiquetía, la escalerilla del avión se desbarató por el peso de la aglomeración de visitantes y visitados y caímos todos al suelo. Una de las azafatas se fracturó alguna costilla y tuvimos que llevarla, junto con otros al hospital más cercano en La Guaira. Así que salimos de allí en ambulancia. Por cierto un miliciano, en este viaje, murió víctima de las hélices de un avión.

El entusiasmo popular fue desbordante. Se veía a Castro como un nuevo Bolívar que aumentaba su megalomanía afirmando públicamente que la nueva Siena Maestra debiera ser Los Andes.

En la Embajada de Cuba, en Caracas, nos reunimos con él y el Padre Alberto de Castro. Y Celia Sánchez, a ratos, en un cuarto de baño, pues era el único espacio libre de gente que quedaba en la Embajada. Allí Castro me juró que no era comunista, sino «humanista» y como «prueba» me mostraba las medallitas que llevaba en una cadena al cuello, todo lo cual «se la habían regalado varias mujeres y hasta una monjita» en su cabalgata de Oriente a La Habana. Y echó pestes de algunos comunistas. Pero cantinfleó bastante al tratar de justificar algunas medidas revolucionarias adoptadas de corte totalitario y comunistoide. Nos pidió que lo ayudáramos en sus luchas, sin más precisión. Al salir de la entrevista tanto Alberto de Castro como yo nos fuimos aún más preocupados con el cinismo visible.

En Venezuela pudo engañar a casi todo el mundo menos al sagaz Rómulo Betancourt, ex-comunista, que detectó, y nos confesó, la peligrosidad de Castro.

Pocos días después me llamó Castro para que le preparara un proyecto de ley sobre la prensa, a fin de acabar con los subsidios y botellas que recibían muchos periódicos en Cuba a costa del erario público. Yo me reuní con algunos periodistas amigos, miembros del Bloque de Prensa, y elaboramos un modesto esquema, totalmente democrático y liberal, que le entregué personalmente a Castro y que debió ir al cesto de basura rápidamente.

Pero lo más interesante del caso fue que me pidió que se lo entregara en el Hotel Hilton donde tenía uno de los lujosos asientos de su poder. Lo esperaba en el «lobby» del Hotel, repleto de gentes importantes, del viejo y nuevo régimen, que querían ver a Fidel para interceder por los presos y por otros amenazados con el paredón. Pero Castro entró al salón sin saludar a ninguno de los personajes que allí estaban. Y se dirigió a un guajirito infeliz, su compañero en la Siena. Lo abrazó, lo agasajó y gritó para que todos oyeran que «con éstos son con los que hay que gobernar, no con la partida de arribistas que están aquí». Y le dijo a Celia que le diera todos sus teléfonos y que él podía visitarlo aún cuando estuviera en una reunión en Palacio.

Luego de tantas zalemas y desprecio me pidió a mí y a otros, que lo acompañáramos a su despacho. Cuál no sería mi asombro, que tan pronto entramos en el ascensor le ordenó a su ayudante que prendiera a ese guajirito —creo que su apellido era Rodríguez— que antes había saludado con tanta emoción.

Pero, eso sí, ordenó «que fuera el Che quien lo hiciera». El Che, consternado, cumplió y lo encepó en La Cabaña sin dar explicaciones. Pero para muchos revolucionarios aquella decisión fue absurda e incomprensible. Se trataba de un capitán de la Siena. Las protestas no se hicieron esperar. Veremos cómo terminó todo aquello.

Poco días después tuve que ir a Palacio con un grupo de profesores y alumnos de la Universidad de Villanueva, para protestar contra aquella absurda Ley 11 que era un ataque directo a la Universidad de Villanueva y a otras universidades privadas que desconocía y anulaba los títulos y exámenes habidos durante la insurrección contra Batista. Llegué una hora antes de la cita para imponerle a Castro de la injusta situación que, desde luego, no quiso resolver, no obstante sus buenas palabras al grupo que vino a reclamarle.

Mientras llegaban los visitantes, presididos por Mons. Boza Masvidal, a la sazón nuestro rector de la Universidad de Villanueva, hablaba con Fidel que se burlaba de su Ministro de Hacienda (Rufo López Fresquet) por sus impuestos a la crónica social. Y llegó el Che Guevara quejándose de lo absurdo de prender al capitancito guajiro de la Sierra «ya que no era batistiano, ni latifundista, sino que había sido compañero diario en la lucha, que nos hacía café...»

De pronto Castro se abalanza sobre el Che, lo agarra por la solapa y le dice «pero Che no seas comemierda, ¿no te acuerdas de quién era ese en la loma...? Era el anticomunista más definido que teníamos allá...». El Che, pausadamente, le advirtió «Fidel, las cosas no se pueden hacer así, hay que ir poco a poco...». A lo que Castro respondió: «Mira Che, haz lo que quieras, lo dejas que se pudra en La Cabaña, lo fusilas o lo largas para el exilio... pero no quiero verlo más...».

Este diálogo que pude escuchar indica también la gran capacidad de Fidel para la mentira y la hipocresía, así como su cinismo frío y cruel. El sentido de compañerismo o de amistad no habita en él. Al mismo tiempo indica la capacidad de sumisión del Che —el eterno fracasado en todo lo que hacía— ante Castro.

Menos implacable que su jefe, el Che Guevara montó al desgraciado compañero de armas en un avión, unos días más tarde, hacia New York. Al llegar al aeropuerto «La Guardia» el infeliz capitancito sacó su revólver y se pegó un tiro. Dejó una carta que alguien le escribió, puesto que era analfabeto, en la que confesaba su decepción por aquel proceso al que tanto tiempo y esfuerzo había dedicado.

Este hecho, todo él de un surrealismo subido, refleja la inmensa capacidad histriónica del señor Castro y su revolución y su doble cara, una para el mundo ajeno y externo y otra para su círculo interno y secreto.

De viaje por las Américas (1959)

Otra vez me tocó representar al periódico Información en el viaje de Castro a los Estados Unidos, invitado por la Asociación de Editores de Periódicos. El periplo se extendió a Canadá y Sur América. Así que después de visitar Washington, New

York, Princeton, Harvard, Boston, pasamos a Toronto, y luego de una imprevista parada en Houston, seguimos hacia el Cono Sur: Buenos Aires, Montevideo, Brasilia. Hubo también una escala técnica en la isla Trinidad.

Aquello fue una experiencia única. Sería imposible contar todas las vicisitudes de aquel alocado periplo. Nunca olvidaré a quien fue un magnífico amigo y compañero de viaje, Nicolás Bravo, siempre agudísimo en sus comentarios, veterano de la CMQ, que estaba también convencido del carácter comunista de la revolución, que había que observar con mucho cuidado.

No faltaron nuevas discusiones nuestras con Castro, que se hacían cada vez más abiertas para asombro de algunos colegas. En la misma escalinata del Capitolio de Washington, luego de su entrevista con Nixon, discutimos sobre el problema de las elecciones, de la reforma agraria y de otros temas. Castro perdió los estribos aquella noche ante nuestros puntos de vista contrarios.

En el vuelo hacia Brasil Fidel se sentó en el avión al lado mío por un rato. Me reiteró que él era un «humanista», «un socialista no comunista». Que el problema con la Iglesia se iba a arreglar, como el del Colegio Baldor... Me pidió que le explicara quien era Maritain y lo que sostenía la corriente demócrata-cristiana. Entonces me dijo que su revolución también era cristiana... Me dio tres razones por lo cual me decía que no era comunista, en su inútil empeño para alejar mis objeciones.

La primera —me dijo— porque el comunismo es la dictadura de una sola clase y «yo siempre he estado contra toda dictadura».

La segunda, porque el comunismo es el odio y la lucha de clases y que él «era alérgico a toda lucha que implicara odio» y la tercera porque «choca con Dios y con la Iglesia».

Le contesté, ya molesto de su hipocresía, y le dije «facta non verba», Fidel, hechos, no palabras. Si eso es así ¿por qué has convertido la pantalla de televisión en una irritación contra el que tiene dos pesetas y contra las señoronas que juegan canasta?» Al final me dejó por imposible y me dijo «chico tú tienes razón... voy a cambiar». Se levantó de mal humor y se fue sin más comentarios.

Durante el viaje había una serie de cubanos comunistas que no iban oficialmente en la rara expedición, pero que se entrevistaban a diario con él, preferentemente de noche. Formaban parte de lo que algunos han llamado «el gobierno paralelo», es decir, los que de verdad deciden las cuestiones fundamentales. Este gobierno secreto ya existió desde la insurrección. Realmente desde el principio el poder revolucionario estaba en manos de Castro y sus amigos, en su mayoría gente joven de la nueva ola comunista, aunque Carlos Rafael Rodríguez participó también. Y se convirtió por un tiempo, en el puente y la concesión hacia la vieja guardia del PSP (Partido Socialista Popular), bastante desprestigiado por sus buenas relaciones con Batista y por su amor a la vida muelle de la burguesía criolla. También Carlos Rafael resultó elemento de enlace clave con los soviéticos. Núñez Jiménez, Alfredo Guevara y otros solían reunirse con el Che Guevara y Castro en Tarará, donde el guerrillero argentino se reponía de sus achaques. Luego fueron frecuentes algunas reuniones en Cojímar. Siempre cocinaban planes para llevárselos a Fidel.

Durante el vuelo, pude ver a Alfredo Guevara y otros comunistas en Washington, para hablar con Fidel, como miembros del llamado «gobierno paralelo», a escondidas, que bajo el mando absoluto de Castro, dirigían todos los primeros balbuceos de sus intenciones pro-comunistas. Las discrepancias siempre las decidía Castro. Esta fue la razón de la imprevista visita a Houston para entrevistarse con Raúl Castro sobre temas muy candentes como las invasiones a Panamá y a otros lugares, así como lo que se haría el 1ro de mayo que se aproximaba. Castro pensó qué todo aquello era inoportuno durante su viaje exhibicionista. De modo que de Toronto bajamos a la ciudad tejana para seguir rumbo a Suramérica. Castro siempre dando órdenes telefónicamente a los suyos en Cuba.

En Washington Castro le jugó una mala pasada a su equipo económico que mantenía muy buenas relaciones con financieros del gobierno norteamericano y de los organismos internacionales. Estuve en una reunión, en la Embajada cubana, donde Castro anuló todas las gestiones y compromisos que se habían hecho para recibir ayuda económica, dejando en una mala posición a Rufo López Fresquet, a Felipe Pazos y demás gestores. Castro vociferó allí que él no era un mendigo internacional y que él no había venido invitado por la Asociación de Editores de Periódicos de los Estados Unidos para firmar acuerdos con el gobierno norteamericano.

Aquella invasión de milicianos uniformados, con trajes de fatiga, que acompañaban a Castro, desesperaba al Embajador Ernesto Dihigo, profesor de la Universidad, hombre de gran cultura, que no podía soportar el primitivismo de aquella gente que ponía las botas sobre las mesas, quemaban alfombras con las colillas de los cigarros y cometían todo tipo de tropelías. Nunca olvidaré la desesperación y el comentario tan crudo e impropio del Embajador al amigo Martín Vililla y a mí sobre el despelote que era toda aquella visita. Además, el señor Embajador estaba molestísimo por la falta de seriedad y puntualidad del visitante que tan pronto suspendía las citas como las demoraba sin previo aviso. Dihigo ya estaba preocupado seriamente por la penetración comunista en la revolución con la complicidad castrista.

En Brasil, el Embajador argentino en La Habana Amoedo, buen amigo y crítico solapado de la revolución, siempre nos hacía comentarios bien irónicos de aquel loco viaje y del viajero principal. En el almuerzo, en Brasilia, donde Castro, ante la oficialidad brasileña, pretendía saber más que ellos en cuestiones militares, al par que gesticulaba agresivamente con un tenedor en la mano izquierda y un cuchillo en la derecha. Tropezó con sus comensales más de una vez. «Si esto ocurre en Buenos Aires —me comentó Amoedo— hay guerra entre Argentina y Cuba». Ante unos militares tan fieles al protocolo y a las buenas formas Castro se mostró como un tipo descompuesto y paranoide.

Por cierto, ante las críticas que algunos periodistas le hicieron en Brasil, Castro, en el avión, nos dio un largo «show» de iracundia contra todo los que le hacían la menor objeción. Y más de una vez para asustar a los viajeros, con la cabina abierta, trataba de manejar el timón del Britania Turbo jet que nos llevaba, con gran preocupación del Capitán Cook y de toda la tripulación. A ratos se paseaba por los pasillos con furias de gato encerrado.

Otro gran espectáculo lo dio Castro en Buenos Aires en la «Reunión de los 21», orquestada por la OEA, donde proclamó la obligación del gobierno norteamericano de aportar 30,000 millones de dólares para América Latina (7). El que había dicho unos días antes en Washington que no quería un solo centavo de las arcas norteamericanas, ahora, sorpresivamente, gritaba la obligación que tenía la América rubia de atender el desarrollo latinoamericano, incluyendo a Cuba con una masiva ayuda en dólares. Pero su antiyanquismo entusiasmaba a muchos y halagaba a su fóbico odio contra los norteamericanos.

Regresamos a La Habana el 7 de mayo de 1959 en un largo, disparatado y costoso viaje de 21 días, (salimos el 16 de abril), cuyo principal objetivo creo que era repetir por toda la América una caravana similar a la que había realizado Castro en su lenta marcha de Santiago a La Habana y exhibiéndose en su afán narcisista y megalómano por la televisión y demás medios de prensa.

El desorden caótico, la irresponsabilidad, la desfachatez para inmiscuirse en problemas ajenos de otros países, no tenía paralelo. Castro pontificaba de todo y sobre todo, con la audacia y la agresividad alocada que lo caracteriza. Todo aquello no era más que una representación de la figura de la propia revolución tal como la retrataba, la donaba, su propio «líder máximo». La incertidumbre, el temor, la zozobra, los palos de ciego, las contradicciones verbales, son tan típicas de Castro como de la revolución. Este viaje de tres semanas me daba la medida exacta de lo que era y sería aquel movimiento que se inició bajo la etiqueta del 26 de julio, que ahora tanto desorientaba a los dirigentes que buscaban una revolución honesta y democrática dentro de un definido estado de derecho.

La Democracia Cristiana y el Frente Revolucionario Democrático

Nuestra experiencia personal, como condiscípulo de Castro y el acceso que me dio mi condición de periodista y abogado, me llevó, con otros amigos, a la consideración de vertebrar un ideario y una organización democrática de inspiración cristiana, de acuerdo con la corriente mundial que en Europa y América había hecho frente al comunismo y establecido democracias con alto sentido ético y de justicia social.

Al fundarse el Movimiento Demócrata Cristiano (MDC), Fidel habló bien, en algunos sitios y en entrevistas de radio y televisión, del grupo inicial y de mi persona. Decía que había que acabar con la vieja politiquería, con partidos nuevos, con gente joven y de principios.

Pero pronto me envió un recado para que lo fuera a ver al INRA (Instituto de Reforma Agraria). Y allí fui. Después de una larga perorata sobre la situación, me advirtió que el MDC y yo podríamos subsistir siempre y cuando no criticáramos a la revolución. Al contestarle que no seguíamos a hombres y a etiquetas sino a ideas y proyectos concretos, que alabaríamos lo bueno y criticaríamos lo malo que viéramos, montó en cólera, se puso de pie y me dijo que me atuviera a las consecuencias. Nosotros fuimos arreciando en nuestras críticas y una comparecencia en televisión, por la CMQ desató la persecución contra el MDC, nos forzó a escaparnos por la vía del exilio, a través de la Embajada del Ecuador, dignamente representada entonces por don Virgilio Chiriboga. Nos acompañó en el asilo, Enrique Villarreal, dirigente también del MDC.

Ya entonces estábamos en gestiones para constituir el Frente Revolucionario (FRD) con Manolo Artime, Tony de Varona, Aureliano Sánchez y Arango y Justo Carrillo, primera organización unida de las fuerzas políticas, no batistianas, que comenzó a combatir al castrato.

Caudillismo sui-géneris

Castro tiene todas las características del «caudillo», del «duce», del «führer». Es una simbiosis del clásico caudillo hispanoamericano, pero con una proyección ideológica que escapa a la simple concepción caciquesca. Es un tirano con bandera, es decir, un abanderado de una ideología que ha tratado de imponer en su propio pueblo y con un espíritu propagador, de proselitismo internacional. Siempre quiso convertir la Siena Maestra en los Andes y los Andes en toda la geografía africana y asiática, en todo el orbe tercermundista. Cuba ha sido escuela, arsenal, acorazado y aeropuerto para un intento falaz de crear hombres y países nuevos, que respondan a ciertos credos políticos y a estrategias antiimperialistas.

El caudillismo de Castro, no obstante brotar de un mundo isleño, ha querido saltar sobre mares, aires y tierras, sin detenerse en consideraciones éticas o jurídicas. Sus ambiciones imperialistas lo han hecho señor de horca y cuchillo, tratando inútilmente de emular a aquel imperio donde jamás se ponía el sol.

Su peculiaridad caudillística ha sido la resultante de aquellos héroes admirados en su etapa juvenil. De Maquiavelo aprendió a justificarlo todo. De Adolfo Hitler y de Mussolini sus resabios impositivos e invasores. De Mao Tse Tung tomó el gran poder de simulación. De Franco —gallego como él— la tenacidad en la perpetuación del poder. De Lenin y Stalin sus rejuegos estratégicos y sus crueldades. De Marx el trasfondo ideológico de ideas matrices sobre el odio, la lucha de clases, la propiedad privada, la revolución mundial y otros títulos de mucha plusvalía revolucionaria. Si todos estos capitanes de la historia se batieran en una coctelera, el trago amargo resultante sería Fidel Castro. Sé que todos estos autores fueron objeto de sus lecturas largas, meditadas y memorizadas. No hay que pensar que Castro es un analfabeto político. Incluso hay que reconocer que sus lecturas martianas han sido abundantes desde muy joven. Y aunque sustancialmente es el antípoda martiano que tergiversa la doctrina fundamental montecristina, algo de lo que hay de utopía en José Martí caló, zurdamente, en el decir castrista.

Castro es, pues, un calidoscopio de infinitos matices y colores. La contradicción es la espina dorsal de su pensamiento. De ahí la dificultad de conocer todas las aristas de su trasfondo doctrinal y humano.

La revolución ambidiestra: traicionada y traidora

La revolución que surgió de la Siena Maestra logró aunar a casi toda la gama política y social del pueblo cubano. La propaganda psicológica logró el milagro de unificar todos los grandes sectores y estamentos sociales en la lucha contra el dictador Batista repudiado por las grandes mayorías.

La trampa fidelista —con su genial sentido publicitario— ganó la guerra más que con las pocas batallas guerrilleras con la atmósfera psicológica que logró crear en la Siena y en el Llano, en la clandestinidad y en el exilio. La derecha cubana apoyó casi con mayor entusiasmo al «Robin Hood» de las cercanías del Turquino que, tal vez, la misma clase obrera y el campesinado. La gran prensa norteamericana convirtió lo que era un juego de escondite en las montañas en una fuerza hercúlea dirigida por un Paul Bunyan cubano.

En realidad, toda la tónica propagandista giraba en torno a un proyecto bien burgués y conservador: Restauración de la

Constitución del 40, elecciones generales en un plazo relativamente corto, honradez administrativa y restablecimiento de todas las libertades democráticas. El viraje social y radical surgió después que el castrismo se impuso.

En ese sentido el pueblo vio que su revolución fue traicionada porque sus verdaderas inquietudes se anclaban en el mundo político de la democracia representativa. Así cabe hablar de una revolución traicionada. Pero claro que cuando hay traición es porque hay un traidor, que hoy todos reconocen en el personaje central. No hay que ser muy zahorí cuando se estudia el proceso que se inició con el desembarco del Granma para ver cómo el cálculo y la previsión socialista dirigían el pensamiento y la acción de los principales aliados del caudillo. En honor de la verdad, las iniciativas de la Siena eran totalmente independientes de lo que otros grupos de acción hacían en el Escambray, en Miami, Washington, New York o Caracas.

Los clamores de unidad y de fusión eran siempre rechazados con insistencia por el caudillo de la Siena. Por ello Gastón Baquero ha señalado que muchos se quisieron engañar o no pudieron contrarrestar los ucases monopolizadores que venían de las lomas. Así, pues, la violencia, la guerra y la venganza ya se habían establecido desde antes de bajar de las alturas y los fusilamientos, desde entonces, eran parte de «la justicia revolucionaria».

La revolución, desde sus inicios, utilizaba ambas manos para indicar sus caminos. La derecha predominaba en la gran propaganda que se lanzaba por Radio Rebelde para Cuba y para la opinión mundial. La izquierda se usaba más sutilmente para firmar compromisos con los camaradas que subían, bajaban o permanecían en las guaridas selváticas.

La mano zurda era la que menos ruido hacía pero apretaba el puño con todo su simbolismo. Ahí estaba la revolución traidora. La del cálculo, la de la estrategia, la agazapada, controlada por este autócrata manipulador, por este Castrócrata.

Ingenuidad popular y complicidad de las dirigencias

El pueblo cubano es generoso y noble, pero de un espíritu emotivo y sentimental, que lo hace poco amigo del examen crítico, objetivo o veraz. Somos por ello de reacciones muy pendulares e inestables. Lo que indica una lamentable inmadurez política. Vivimos del «wishful thinking», del «ojalá suceda». «Ojalateros», decía Pastor González, aquel gran cubano que luego de mucho ajetreo público cambió la tribuna política por el púlpito sagrado.

En verdad, creo, que todos los países tienen siempre una masa crédula e ignorante que suele pesar más de lo recomendable en cualquier balanza política. Un pueblo tan culto y filosófico como el alemán fue víctima de los cantos de sirena de Adolfo Hitler. Y los italianos y los argentinos —perdónese si puede haber redundancia— se emborracharon con los piropos de Mussolini, de Perón y de Evita.

De todos modos, nuestra idiosincrasia optimista, romanticona y jacarandosa, nos cantaba siempre que en Cuba «no hay problema» y la «toalla» era una pieza de uso político para secar muchas lágrimas. En el «totí» recaían siempre todas las culpabilidades. Y en todo caso la geografía, «las noventa millas», «los gringos», no permitirían que en Cuba ocurrieran ciertas cosas...

Pero la responsabilidad de las clases «vivas» y de todas las dirigencias, desde la política hasta la religiosa, dejaba bastante que desear.

El 10 de marzo despertó un apetito ambicioso en las fuerzas económicas del país. Como moscas al panal concurrieron todos —o casi todos— a rendir pleitesía al oneroso golpe de estado que destruyó nuestro régimen constitucional, a pocos meses de unas elecciones que prometían mejores cambios en la gobernación del país. Esos mismos, acudieron en su gran mayoría, a reverenciar al nuevo caudillo en los primeros meses del triunfo revolucionario.

Falta de visión política en unos, e intereses económicos en otros, sirvieron para armar la guillotina que pronto caería sobre las cabezas adulonas. Algunos de ellos durante los años anteriores a la caída del batistato gustaban de comer a dos carrillos, cooperando con el gobierno en mil empeños y alimentando a la Sierra por otra parte. Y esta duplicidad se repetía también en algunos intelectuales, profesores universitarios, periodistas y profesionales de diversas clases. Lo que trajo la llamada «revolución del callo»: todos creían ingenuamente que a ellos no los pisaría el «bulldozer» revolucionario.

Esta ambivalente situación de los dirigentes agrandaba el candor ingenuo de los hombres y mujeres de menor extracción económico-social. Pero, tal vez, por su mayor sinceridad, fueron los obreros y campesinos los primeros en rebelarse.

No debe extrañar en demasía el hecho de que los extranjeros no entiendan el problema cubano si a nosotros mismos mucho nos costó enterarnos de la maldad que se encerraba en la hipocresía revolucionaria. Tampoco los cubanos hemos comprendido muchos problemas de los países latinoamericanos. La incomprensión recíproca ha sido frecuente.

Castro, en su dialéctica morbosa, ha sabido condenar cualquier tipo de intervencionismo sobre Cuba mientras él, sin el menor recato, ha mendigado al mundo entero, especialmente a la ex-Unión Soviética, todo tipo de ayuda al par que, sus propias tropas y sus infiltraciones invasoras violan todas las soberanías posibles a su alcance. Un caso bien ejemplar de su maquiavélico proceder ocurre con el problema del embargo norteamericano. Independientemente de la razón o sin razón del mismo, él es quien tiene impuesto sobre Cuba un embargo interno, negándole a los propios ciudadanos lo que les da a los turistas, y a la «la nueva clase». Y, al mismo tiempo, subestima al peso cubano y beneficia a los pudientes que consiguen dólares. Todo lo cual, además de la ineficiencia del sistema, tiene una intención política de hacer al pueblo dependiente de las arbitrariedades del gobierno.

El internacionalismo castrista ha originado, paradójicamente, un aislacionismo mayor de la Isla. Y su geopolítica intervencionista ha provocado una peligrosa penetración cubana en casi todas las latitudes tercermundistas con resultados nefastos para esos pobres países y violando, sin escrúpulo, la soberanía de esas naciones.

La estrategia Castro-comunista

¿Es Castro comunista? Polémica inevitable

Esta es una eterna discusión entre los adictos al tema de la Revolución castrista. No es fácil dar una respuesta de sí o no. Los que por privilegio —o infortunio de las circunstancias— pudimos penetrar un tanto en el laberíntico proceso mental del «líder máximo», y de algunos de sus acólitos, podemos concluir nuestra tesis. Respeto, pues, las opiniones contrarias, pero para mí ya no cabe la menor duda de que Castro es, fue y será, marxista-leninista como él mismo terminó por decir —y desde entonces nunca se desdijo— y creo que el tiempo nos está dando la razón. Ahora mismo, que se ha quedado prácticamente solo, con un país en ascuas, el testarudo gerifalte del único gobierno comunista en América, sigue izando la bandera roja. Hubiera sido muy fácil, por justificaciones económicas, haber dado el viraje, lo que le habría ganado la simpatía y la ayuda de los Estados Unidos y de casi todos lo países de Europa y de América Latina. Incluso de la desvencijada Unión Soviética a la que hubiera podido servir hasta de modelo. Acaso así Castro podría recuperar parte de su carisma hoy tan arrugado por sus fracasos e impotencias.

Si por los frutos los conoceréis ahí tenemos a Castro dueño y señor de la revolución marxista, quizás más ortodoxa de todas las que se conocen. Creo que nadie —ni siquiera los rusos— alcanzaron la velocidad y aceleración de los primeros tiempos de la criminal revolución totalitaria que resultó el trágico ensayo cubano. Las drásticas reformas en Cuba, en 1959, 60 y 61 no tienen que envidiar nada de lo que se hizo en Checoslovaquia, Hungría, Polonia o en la misma Unión Soviética en los primeros años de imposición marxista. La comunización de Cuba dejó pequeños otros procesos similares. Si Castro siempre decidía todo y la revolución resultó marxista, fue justamente porque el máximo líder lo quería por su coloración rojiza. De lo contrario la revolución hubiera seguido el curso democrático que el pueblo buscaba.

Desde el principio, siguiendo el patrón comunista, se concentró en armar su sistema de propaganda y su aparato represivo de inteligencia y terrorismo. La efectividad mayor de este régimen ha recaído en su capacidad publicitaria —Castro tiene mucho de Goebels— y en su poderoso instrumento policíaco-militar de seguridad.

Castro tiene mucho de Stalin. Esos han sido sus dos grandes éxitos: la propaganda y la represión y siempre en íntima dependencia del culto a la personalidad del «líder máximo».

Fidelo-comunista o Castro-oportunista

El argumento esgrimido por algunos de que Fidel es fidelista antes que todo, olvidan que Stalin fue stalinista primero que comunista como Kruschev fue kruchevista, Lenin leninista, o Ramiz Alia, ramizista. El comunismo ha sido un medio más que un fin para buscar el poder absoluto de sus líderes y mantenerse en él, ha sido un ropaje para vestir la dictadura del proletariado lo mismo en Cuba que en otros países. Y en ningún caso se ha seguido al pie de la letra el recetario marxista-leninista para alcanzar el poder o mantenerlo. El individualismo de los jefes ha primado sobre el colectivismo socialista, es decir el capitalismo de estado.

Fidelo-oportunista

Tampoco el hecho de que Castro sea un oportunista —que lo es— es razón suficiente para conceder que no es comunista. No conozco un solo capitoste del comunismo internacional que no sea oportunista. El terrible Honecker también lo fue como todos sus sucesores, como Jaruzelski o Gomulka en Polonia, como Zhivkovo en Bulgaria. Que Castro pudo haber sido nazista tampoco lo exime de su totalitarismo marxista. Cualquiera —o al menos algunos— de los líderes marxistas pudieron haber cambiado la hoz y el martillo por la misma svástica si el nazismo estuviera de moda o se hubiera impuesto. Después de todo el nacional-socialismo y el socialismo marxista son primos hermanos bien llevados. Por ello supieron filmar pactos de no agresión cuando las conveniencias así lo aconsejaron. Que Castro tiene mucho de nazista es cierto. Lo cual sólo refuerza su condición de comunista manipulador y si hubiera habido vientos favorables a su ascensión por la escalera nazi- fascista lo hubiera hecho. Pero su sentido estratégico le dijo que no era el momento para ser nazista ni siquiera para ser un dictador tropical tipo Ali-Babá y los Cuarenta Ladrones. Por eso no quiso ser tampoco un mero autócrata al estilo de Batista, Somoza, Strossner, Pérez Jiménez o cualquier otro al uso. Le provocaba más la figura de un Tito —que fue también profundamente titoísta— o el chino Mao que jugó todo tipo de cartas para mantenerse en el poder. En su oportunismo la carta marxista-leninista fue la escogida. La motivación se aprovechó de la oportunidad.

Sus mejores guardaespaldas

Creo que si no hubiera habido toda una concepción ideológico-estratégica definida, Castro no se hubiera lanzado en busca de un socialismo marxista, a 90 millas del Tío Sam, que en un principio estuvo feliz y presto para encauzar a Cuba por la vía democrática y capitalista como correspondía a sus mejores intereses. Pero Castro aspiraba a ser algo más que un dictador títere de los Estados Unidos. Y prefirió escoger su carta marxista, en una etapa de guerra fría, a pesar de que su triunfo se debió, en gran parte, a la actitud final de los Estados Unidos contra Batista, al cual abandonaron y le decretaron un embargo de armas que sirvió de jaque mate para acorralar al entreguista ejército batistiano. Así se dio luego la paradoja de que los dos grandes poderes del mundo, a partir de Kennedy y Kruschev, se convirtieron en los mejores guardaespaldas de la tiranía castrista o castro-comunista. Si se quiere destacar los dos pilares básicos de esta revolución marxista, que como todas las que en el mundo han sido, no fueron del proletariado, sino de «una nueva clase» —como diría Milovan Djilas— para explotación de los que menos tienen. La dictadura del proletariado no ha existido nunca. Siempre ha sido la dictadura sobre el proletariado.

De la negación a la afirmación

Que Castro negara reiteradamente su condición de «nángara» en una Cuba, donde la simpatía hacia esa ideología fuera realmente muy pobre es explicable. Castro, que, de tonto no tiene un pelo, lo sabía perfectamente y, por eso, reiteradamente, en público y en privado, negaba su posición y su mentalidad comunista. El uso de la mentira, así como cualquier medio que sirva en un momento dado a la revolución, es un principio muy leninista, tal vez aprendido de Maquiavelo.

La dialéctica marxista, por otra parte, hace de las contradicciones toda una teoría para su desarrollo. Sólo cuando las condiciones objetivas y subjetivas son propicias para la definición se reconoce el hecho. Mao-Tse-Tung, en la China, al principio se presentaba como un mero reformador agrario, según destacaba siempre el New York Times.

El Partido Comunista de Cuba, dominado por la vieja guardia, no quiso apostar inicialmente por este joven revolucionario que surgía. Castro pretendía dominar, por eso no entraría fácilmente en sus huestes, como sí lo hizo Raúl en 1953. Prefirió prepararse para manipular el viejo esquema cuando lo creyera oportuno. Para ello, desde la Universidad, ya empezó, como hemos visto, a codearse con todos los elementos filo-comunistas y comunistas, buscando aliados para acaparar el control. Lo mismo trató de hacer en el Partido Ortodoxo que, paradójicamente, tenía como dirigente a Chibás, bien anticomunista, pero la organización estaba minada por comunistas más o menos confesos en aquella época. Hay que recordar que aunque el comunismo cubano no tenía fuerza electoral de primera potencia sí poseía disciplina, organización y afanes de infiltración y de conquista del poder, desde que Flavio Grobart, en Cuba, comenzó su diligente labor de zapa. Antes del salir el Granma de Méjico, el caldo comunista ya hervía. El Che no se incorporó de ingenuo en la partida. Pero la CIA dormía mientras la KGB actuaba. Las guerrillas calientes entibiaban la guerra fría.

Contradicciones dialécticas

En el Moncada combatieron sólo dos comunistas reconocidos. Según Melba Hernández, entre los moncadistas estaba prohibido mencionar las tesis marxistas. Pero tampoco hubo críticas al comunismo por parte de Fidel en su etapa insurreccional. Sin embargo, la propia Melba Hernández sostuvo que Abel Santamaría —muerto en el Moncada— siempre insistió en la necesidad de que Fidel se hiciera comunista. En el famoso discurso «La Historia me Absolverá» —que tiene un buen tramo de plagio a Hitler— entre líneas, en interpretación de Gastón Baquero, se podía sospechar un espíritu marxista larvado.

Debray ha insistido, que en la técnica cubana, Castro sustituyó el Partido por el Ejército. Acaso por eso el Che decía que el ejército de las sierras ya podía contar con un programa mínimo de acción, puesto que en sus tropas la indoctrinación no era escasa. Añado yo, menos escasa que las batallas en los campos. Hubo más muertos en «el llano» que en las sierras. .Nunca se olvide que para el señor de las barbas todos los métodos y medios son buenos siempre y cuando sean útiles para sus planes siniestros, independientemente de que resulten ortodoxos o heterodoxos desde el punto de vista marxista-leninista.

Paso a paso...

Carlos Rafael Rodríguez jugó un papel clave en el proceso de develación marxista de Castro y en el casamiento de lo que fue en un principio un mero amancebamiento del comandante en jefe con los viejos y nuevos comunistas. Así primero se armó aquella ORI (Organizaciones Revolucionarias Integradas) que amparaba a las siglas más envueltas en el proceso. Luego se llamó el PURS (Partido Unido de la Revolución Socialista) y finalmente, sin máscaras, el PCC (Partido Comunista Cubano) en 1965.

Castro, desde luego, no es un aliado seguro de nadie. Sus relaciones con la Unión Soviética y la China comunista han sido siempre variables y temperamentales, como todo lo suyo, y van, desde la sumisión abyecta hasta la hepática rebeldía. Sus conversaciones con los rusos —de modo abierto— comienzan en Cuba desde el propio año 59, casi siempre se celebraban en el INRA (Instituto de Reforma Agraria). Su director —Núñez Jiménez— jugó un importante papel en el interregno paralelo. Según Fabio Grobart, la fusión incipiente de todos los elementos de la vieja y la nueva guardia comenzaron en 1959. Pero los asistentes a aquellas reuniones eran tamizados siempre por el filtro de Fidel. Los más asiduos al conciliábulo: el Che, Camilo, Raúl, Blas Roca, Ramiro Valdés, Alfredo Guevara. Alguien dijo: «Mierda, ahora que somos gobiernos tenemos que seguir reuniéndonos ilegalmente».

Pero aceleración histórica

La velocidad de la comunización ya en el propio año de la victoria es increíble. Castro había dicho que si en el Turquino hubiera proclamado su socialismo no hubiera podido bajar de la loma. Pero ahora impulsaba —aunque sin aparecer directamente— medidas de indoctrinación y de propaganda marxista. El 1ro de enero ya salió la primera edición del periódico oficial del PSP, «Hoy», que había sido clausurado durante mucho tiempo. Enseguida surgieron las EIR (Escuelas de Instrucción Revolucionaria). Otro gran centro de indoctrinación se instauró en la Primera Avenida de la Playa en la que colaboraron, entre otros, Leonel Soto, Valdés Vivó, Lázaro Peña, y Blas Roca.

Un «Manual de Preparación Cívica» se hizo texto rápido para escolares. Todo aparecía controlado por la Escuela Ñico López. La entrega a los comunistas de la CTC (Confederación de Trabajadores de Cuba) fue una de las «bravas» más indecentes que se han dado para usurpar el control a los no comunistas. Cuando Castro se declara socialista ya se habían tomado muchas avenidas. Raúl en pocos meses desbarató el aparato militar y formó un nuevo ejército policíaco-militar y de seguridad, al estilo de los países comunistas. El fin siempre fue el mismo, los medios variaban.

Amigos de Fidel suelen comentarme con frecuencia el impacto que recibió ya estudiante cuando leyó —y se aprendió— el Manifiesto Comunista de 1848. Cuando lo de Bogotá (1948) Fidel dijo que «ya era casi comunista», aunque el amigo Enrique Ovares, que fue Presidente de la FEU, no lo cree. Pero ciertamente que en aquel evento Castro se mezcló con los peores elementos de izquierda y con gente de metralleta. Sus arengas allá, en país extranjero, fueron bien extremistas. Como se sabe aquello fue un brote de terrorismo que se destapó con motivo del asesinato de Gaitán, el popular líder colombiano, durante la Conferencia de Cancilleres que dio origen a la nueva OEA. Castro fue salvado gracias a las gestiones del Embajador Guillermo Belt que lo llevó para Cuba en avión especial.

Hubo un tiempo en que Raúl Castro se jactaba de haber sido quien inició a su humano en la secta comunista. Sin embargo, Alfredo Guevara, más discretamente, decía que él era «el culpable, pero los jesuitas le habían hecho mucho daño».

La tocata en fuga

Pronto empezaron las renuncias de personajes del gobierno donde la denuncia de infiltración comunista era la razón fundamental del abandono de los cargos. Notorio fue el caso de Pedro Luis Díaz Lanz, jefe de la aviación revolucionaria, con las conversaciones pro-comunistas que le escuchó al propio Fidel. El Presidente Manuel Urrutia también alegó la penetración comunista en su salida. Y Manolo Artime. Y Hubert Matos y Rogelio Cisneros. Pero el traidor seguía diciendo que su revolución «no era roja sino verde como las palmas». Sólo los muy cegatos no veían la creciente infiltración comunista en casi todos los sectores nacionales y en las llamadas «leyes revolucionarias».

La lluvia de renuncias de reconocidos dirigentes era impresionante por la jerarquía que tenían en el nuevo régimen: Humberto Sorí Marín (luego fusilado), Elena Mederos, Justo Carrillo, Rufo López, Fresquet, Roberto Agramonte, José Miró Cardona. Hubert Matos fue condenado a 20 años de prisión. Ante aquella situación, Tony, Aureliano y yo, que nunca fuimos fidelistas, nos juntamos para crear el Frente Revolucionario Democrático (FRD) con Justo y Artime, primera fuerza opositora, no batistiana, que inició las tareas bélicas contra el régimen traicionero. De ahí partió el traicionado evento de Playa Girón y la fuga en masa. Recuérdese simplemente lo de Camarioca, el Mariel, lo de los balseros... más de un millón escapados de un país donde la gente casi nunca emigraba. Si Cuba no fuera una isla hoy sería un desierto solitario.

Predicciones confirmadas

Las evidencias del proceso de comunización eran cada vez más evidentes. Algunos políticos y sacerdotes que habían vivido etapas semejantes en China y en Europa veían claramente la tipicidad del fenómeno. Pero nadie parecía creerlo. En todo caso querían salvar la buena fe de Castro al que tanto habían endiosado. No querían confesar su gran equivocación de haber colaborado tanto para establecer el nuevo régimen o aplazaban la protesta. Entre los pocos políticos que profetizaron el desastre hay que mencionar a Juan Antonio Rubio Padilla, gran figura de la generación de 1930, que no se cansó de denunciar con mucha anticipación la maniobra comunista de todo aquello, a pesar de su actitud contra Batista. Por otra parte, los batistianos acusaban de comunista a Castro y su revolución, pero la falta de moral de aquel gobierno espurio restaba credibilidad a sus asertos. Luego de la fuga de Batista, el temor a ser fusilado —física o moralmente— inhibía a muchos de manifestarse con claridad. Se impuso un terrorismo verbal que constituyó una verdadera pesadilla. Una ola de calumnias arrolla a los disidentes y opositores. La censura, las «coletillas» en los periódicos frenaba conductas. Pronto se confiscó toda la prensa independiente, a todos le partieron la «siquitrilla».

Una pesadilla inconclusa

A los pocos meses aquello parecía una pesadilla. Deserciones, traiciones, falsas acusaciones, censuras, irrespeto a la persona, a las instituciones revolucionarias, periodísticas, económicas, religiosas y de todo tipo. Jóvenes y viejos, hombres y mujeres que mostraban su anticomunismo eran perseguidos, presos o fusilados de tal modo y manera que aquello no parecía real. «Esto no puede pasar en Cuba», país progresista, donde existía siempre la toalla (el compadrazgo), el choteo. Pero los hijos denunciaban a sus padres. Los casados a su pareja, los hermanos a sus hermanos. El paredón aumentaba. La cárcel y el exilio eran las únicas salidas para sobrevivir.

De todos modos se exprimía la idea de que «esto no es comunismo», no se parece a las características de otros lugares, se decía, va contra la ortodoxia comunista, si fuera así los Estados Unidos (las 90 millas) no lo permitirían. Se olvidaba que nadie, en ninguna parte, ha producido un verdadero régimen marxista, entre otras cosas, porque va contra la natura humana, la lógica, el sentido común y demás. Nunca se ha dado un sistema comunista puro. Por eso no hay dos iguales. Lo de Rusia no fue igual a lo de Rumania, ni lo de Cuba a

Yugoslavia. Todos son sui-géneris, de acuerdo con las circunstancias variables de cada país y se resienten de reflejar la personalidad del gestor. Así se puede hablar de stalinismo, titoísmo, fidelismo o lo que sea. Todos son malas caricaturas de una utopía absurda. En casi todos los países que se entronizó el comunismo, abunda una literatura muy semejante que negaba el carácter socialista o comunista, «de lo que hay aquí». Cuba no fue una excepción. El «fidelismo» o el «castrismo», seudónimos frecuentes utilizados en Cuba, halagaban a Fidel y le levantaban el ego, por lo que resultaban sinónimos prácticos para hacer posible lo imposible, a la par que se presumía de mayor originalidad.

Final, a modo de conclusión

El hecho de que el señor Castro sea un bribón sagaz, con todas las buenas y malas capacidades que posee, es un índice de que hizo lo que quería, es decir un país comunista, aunque hubiera deseado que otras naciones cayeran también en manos rojizas. Lo que hizo en Cuba fue, pues, lo que más ambicionó. Pudiera haber sido un gran reformador constructivo si hubiera querido. Si en esto de la comunización los siguieron tantos —unos por tontos, otros por vivos— es porque sucumbieron ante el hechizante brujo de tribu que fue este gran actor y autor de teatro que se propuso llevar a Cuba hacia el escenario comunista internacional.

Los viejos socialistas, marxistas, o comunistas cubanos, como quiera llamárseles, jugaron con Castro y Castro con ellos. En definitiva eran dos mitades de la misma cosa. Ambos hicieron bien su papel en busca de un poder absoluto, totalitario. Castro más convencido, más hábil y carismático, se impuso con recursos nacionales e internacionales. Se aprovechó de la guerra fría para dar rienda suelta a su ancestral odio al «imperialismo yanqui», no obstante la ayuda que los vecinos del Norte le prestaron cuando decidieron alejarse del corrupto régimen de Fulgencio Batista. Y los tontos útiles, o inútiles, se plegaron a la manipulación castrista que tan pronto se presentaba como humanista, tercermundista, antiimperialista o en otros términos. El hijo de Birán manipulaba esos conceptos políticos y los enrojecía a su capricho. Esto es clave para entender el complejo y difícil crucigrama cubano.

Hay mil detalles que harían interminable esta labor de espacio y tiempo limitados. Abundan más datos. Tal vez en otra ocasión podremos ampliar este trabajo. Pero los aportes hechos creo que avalan suficientemente la simbiosis de Castro con su revolución marxista.

Muchos biógrafos y autores al escribir sobre Castro tratan de esconder todavía su manipulación traidora y su credo marxista encandilados con la indiscutible personalidad del causante, que aparentemente, rompió algunos signos de la geopolítica y de la historia de Cuba, que, no obstante sus lacras de todo tipo, poseía también grandes dosis de fe en el futuro y un aval de caminos democráticos y reformadores. Pero todo cayó en el basurero de la historia justamente al bautizarse el señor de las barbas en las aguas rojizas de un sistema caduco, totalitario, ateo, anacrónico y antihumano. No parece que la historia lo absolverá como aducía en su discurso famoso en el juicio por el ataque al Moncada. Acaso ningún hombre en toda la historia cubana pudo haber hecho tanto por el país, ya que contaba con un pueblo totalmente fascinado con su personalidad y consciente de las reformas democráticas que se anhelaban, dentro de un clima de honestidad pública y de justicia social enmarcado en un verdadero estado de derecho.

Lejos de eso, el señor de las barbas torció el rumbo hacía la izquierda socialistoide de un modo alocado y deletéreo fusionando la revolución con su propio absurdo modo de ser, en un odioso juego de espejos, cóncavos y convexos/que desfiguraron toda realidad.

Los rasgos característicos del personaje

¿Cuál es la personalidad psicológica de nuestro personaje? ¿Cómo es su patrón de conducta más permanente?

Para describir el carácter y el temperamento de esta figura singular acudiremos al testimonio de algunos buenos conocedores del personaje y de la psicología humana.

El enfoque de Rubén Darío Rumbaut

Al principio de la Revolución, en el año 1960, el Dr. Rubén Darío Rumbaut —brillante médico psiquiatra— trazó la silueta sociopática de Castro con «muchos fuertes rasgos paranoides» lo que lo lleva siempre a necesitar enemigos, «que cuando no los tiene los crea».

«Parece cumplir —dice Rumbaut— lo que en psicología se llama «profecía autorrealizada»: anuncia sin más pruebas que determinada sector es su enemigo e inmediatamente empieza a funcionar sobre esa suposición, atacando y ofendiendo a su pretenso rival... anuncia triunfalmente al mundo que su «profecía» había estado correcta, que aquel había sido siempre su enemigo, sin percatarse de que él mismo es quien se ha convertido en tal».

«El lenguaje de Castro —añade— gira alrededor de esos conceptos y de esa actitud ante la sociedad. Sus palabras favoritas son: enemigo, conjura, campaña, ataque, agresión, lucha, muerte, maniobra, traición».

Y para corroborar su aserto Rumbaut brinda una lista de nombres de los agredidos. Lista muy incompleta porque en 1960 era forzosamente sólo una relación inicial: el General Cantillo, el Coronel Barquín, el Directorio Revolucionario, su invitado de honor José Figueres, su jefe de aviación Díaz Lanz, el Presidente Urrutia, el Embajador Lojendio, la Iglesia Católica, la Masonería, los norteamericanos...

Podríamos añadir, sólo a título muy escaso también, ya que la relación sería de miles algunos nombres que rápidamente vienen a mi memoria: Sorí Marín, Hubert Matos, Cristino Naranjo, Camilo Cienfuegos, el Che Guevara, el General Ochoa, etc. etc.

El diagnóstico de Nágera

Otro estudio acucioso sobre la psicopatología de Castro se lo debemos al eminente psiquiatra, el Dr. Humberto Nágera, que en su «Anatomía de un tirano» acusa también a Castro de «desorden paranoico» y lo retrata de este modo:

«Altamente dotado, en verdad extraordinariamente dotado, personalidad de gran desorden narcisista y megalomaniático con rasgos psicopáticos. Debe enfatizarse que su narcisismo y megalomanía son de proporciones gigantescas... un ser humano extraordinariamente inteligente, con una notable habilidad política así como para manipular grandes masas de gente. Lo que recuerda a Hitler y Mussolini».

Y continúa el Dr. Nágera:

«... Posee serios desajustes en la formación de su super ego lo que implica que es altamente corruptible, es decir, sus creencias éticas no son estables y frecuentemente cambian para acomodarse a sus deseos... lo que lo convierte en un individuo extraordinariamente peligroso».

Y el ilustre psiquiatra comprueba su diagnóstico con la osadía de Castro al llevar al mundo a una confrontación nuclear cuando la crisis de los cohetes. Y recuerda cómo ha podido agraviar y supervivir a nueve presidentes norteamericanos: Eisenhower, Kennedy, Johnson, Nixon, Ford, Carter, Reagan. Bush, Clinton.

Nágera, Rumbaut y otros autores, han destacado las actitudes violentas de Castro hacia su padre y la doble reacción que proyecta ante la fuerza paterna y la humildad materna que provoca anárquicamente irregulares patrones de conducta en un hogar de difíciles relaciones. Su fría indiferencia ante la muerte de su padre Don Ángel Castro y aún de su propia madre doña Lina Ruz. Su modo extraño de tratar a todas las mujeres y su hipocresía para con sus propios compañeros de lucha.

Recuerda el Dr. Nágera, cómo Castro, hablando con Lázaro Ascencio (revolucionario del Escambray) le indicó que debía decirle a William Morgan, guerrillero norteamericano, coparticipante de la revolución, que debía dejar la Isla. Y todavía añadió Ascencio que Castro pensaba sacar al Che Guevara de Cuba, mandarlo de Embajador a Santo Domingo para ver si Trujillo lo mataba. Y que, a Raúl, pensaba mandarlo a Europa...

¿Sería sincero Castro al hablar de ese modo o simplemente se trataba de una operación de despiste a la que tanto acostumbraba?

El narcisismo de Fidel lo lleva a no interesarse por nada ajeno. Sólo le importa y ama lo que concierne a su persona. Esto explica el porqué casi todo el grupo original revolucionario de los primeros tiempos desapareció misteriosamente (tal es el caso de Camilo) o fue preso, fusilado, o escapó al exilio.

Por otra parte la megalomanía de Castro lo hizo pensar que la Isla de Cuba le quedaba pequeña para sus ambiciones políticas mundiales. De ahí su conocido afán de exportar la revolución a cualquier esquina del planeta y para ello formar un ejército descomunal para el tamaño del país y su población entonces (1959) de poco más de seis millones. Con lo cual, superó con creces el militarismo batistiano, asunto puntual de la oposición.

Según el psiquiatra Nágera el caudillo criollo sintió una gran identificación con Primo de Riviera, Franco, Hitler y Mussolini, pero también, paradójicamente, con José Martí y Antonio Guiteras, a los cuales ha tratado de imitar parcial y maliciosamente.

La sentencia de Julio Garcerán de Vall

En la obra del eminente jurista cubano, el Dr. Julio Garcerán de Vall, titulado justamente «Perfil Siquiátrico de Fidel Castro Ruz» reitera los rasgos patológicos en la psicología del líder cubano, acentuando la nota paranoica que se revela en toda su actuación. En un serio recorrido por sus aristas personales, Garcerán señala explícitamente los rasgos más notables del carácter y del temperamento castrista: desconfianza, megalomanía, egoísmo, poca afectividad, antisocial, desajuste social, intelectualidad, egocentrismo, emotividad, ingratitud, hostilidad, irritabilidad teatral, posición defensiva ante el mundo, complejo de superioridad, subestimación y negación de otros, inseguridad, intimidación, astucia, suspicacia, orgullo, proyección de su conducta en otros, racionalización, agresividad, causticidad, mitomanía.

Aunque larga la lista del Dr. Garcerán tampoco es exhaustiva. Y lo interesante es que el propio profesor enriquece su enumeración con hechos reales y anécdotas bien conocidas que avalan su juicio, imposibles de relatar dada la brevedad de este trabajo.

Juicio de José Ignacio Lasaga

El eminente psicólogo, el Dr. José Ignacio Lasaga, me señaló en cierta ocasión, que además de la tendencia paranoide, tan visible en el perfil castrista, existían también rasgos esquizoides que lo alejaban de las realidades más visibles y que los agrandaba con su tropical imaginación. Recuérdese el caso, bastante reciente, en que propuso a un grupo de sus expertos ganaderos la necesidad de «inventar» una vaca doméstica, concebida en un laboratorio genético, que resolviera, a nivel familiar, las aspiraciones nutricias de leche, queso y carne, ante la escasez que se produjo en el país como consecuencia de su absurdo sistema económico socialistoide. Alguien de su equipo, con espíritu de sorna, comentó, clandestinamente, al final de la insólita disertación del Comandante: «Esto es increíble, Fidel no se ha dado cuenta que ya eso está inventado y es la chiva...»

En los días iniciales de la revolución la megalomanía y el narcisismo se alentaban por el propio Comandante en Jefe, al que todo el mundo, tirios y troyanos, le reconocían un gran carisma, pero también lo consideraban un tanto chiflado. La sabiduría popular sintetizaba de este modo su confusa personalidad: «es un loco que en sus momentos lúcidos es comunista».

Sin embargo, todos los especialistas coinciden que no es realmente lo que se dice un orate. De haber sido un verdadero esquizofrénico-paranoide habría que exonerarlo de toda responsabilidad ética en sus desafueros. Sus rasgos neuróticos y psicopáticos no constituyen un índice de verdadera demencia, sino una deformación de su personalidad que contribuye a la hipérbole patológica de su pensar, decir y actuar.

Los nombretes de la figura

Si los motes con que se suele calificar a la gente dice algo de su persona «el loco» fue uno de ellos y «bola de churre» otro. El primero, sin duda, refleja las estrafalarias aventuras que a veces parecían verdaderamente surrealistas. Lo de «bola de churre» era un modo despectivo de referirse a él, por su aspecto desgarbado o sucio, con el que solía presentarse, pero creo que esto ha sido una crítica exagerada pues lo cierto es que se le veía también, con frecuencia, bien vestido, de cuello y corbata, aunque no siempre de buen gusto.

«Alejandro» fue un seudónimo conque el mismo se autobautizara ya en su plena epopeya revolucionaria. Seudónimo que proyecta sus magnos afanes de guerrero y conquistador y posee un alto nivel de autoestima.

«El caballo» es otra etiqueta con la que se le ha conocido. Se aludía con ello a su altivez y a su pesadez corporal. Era fuerte más que ágil. Resistente y trotón, un tanto rebelde a cualquier montura y bocado. Para algunos también podía simbolizar persona de cabeza enhiesta, de liderazgo competidor, aunque sin la nobleza de los pegasos.

Lo de genio y figura hasta la sepultura se cumple cabalmente en Fidel Castro. Sus características típicas parecen incambiables a lo largo de toda su azarosa existencia.

Las observaciones psicológicas apuntadas, sin duda, son ratificadas por los testimonios y experiencias que vamos viendo.

José Ignacio Rasco:
Una vida cubana en la oposición

Por *Silvia Pedraza*
Universidad de Michigan
Departamento de Sociología y
Programa de Estudios Americanos

La entrevista original tuvo lugar en su casa en Miami, FL, el 11 de septiembre de 1998. Esta versión revisada es del 11 de septiembre de 2011.

Más que a nadie, quiero agradecerle a María Gloria Anfossi su excelente transcripción de esta entrevista grabada. También les agradezco a Manolín Hernández, Carlos Alberto Montaner y a Roberto Rodríguez de Aragón su ayuda identificando a varias de las personas mencionadas. Y muy particularmente le agradezco a Lesbia O. Varona su ayuda como bibliotecaria del Cuban Heritage Collection de la Universidad de Miami identificando varios textos mencionados.

La familia, su educación en Belén

SP: José Ignacio Rasco, quisiera que me contaras dónde tú naciste, en qué año, dónde te educaste, qué eran tus padres.

JIR: Yo nací el 1ro de septiembre de 1925 en el Cerro. Soy el menor de cuatro varones, después venía una niña, que es Ofelita. El mayor de mis hermanos se llama Emilio y es jesuita; fue profesor más de 40 años en Roma, en la Universidad Gregoriana, y ahora está retirado y viviendo en Santo Domingo. Después venía Ramón, que era abogado y contador público. Después Orlando que no estudió carrera y que trabajaba en una compañía americana en Cuba, en la «Cuban Trading». El cuarto soy yo, José Ignacio, que estudié Derecho; Ciencias Sociales; Filosofía y Letras. Y después mi hermana Ofelia que es doctora en Filosofía también, y además es monja. Todos vivimos, gracias a Dios, hasta el momento. Mi padre fue hombre de negocios, banquero en una época. Mamá, Ofelia Bermúdez, era una señora de su casa. Ambos eran de familias muy numerosas: por parte de ella eran ocho hermanos, y por el lado de papá eran once. Yo nada más que conocí cinco de ellos.

Mi padre estuvo bien económicamente hasta la crisis del año '29 donde perdió las colonias de caña que tenía y después el pobre pasó mucho trabajo, pero levantó cabeza siempre. Mi madre era una espartana tremenda, muy católica, de esas de verdad, de modo que en mi casa había un espíritu muy religioso. Mi padre no es que fuera tan religioso pero era muy bueno por naturaleza, yo diría. A él lo bautizaron tarde, mayorcito. Era de Sagua La Grande, propiamente de «La Isabela». Mi madre era de La Habana. En mis antecedentes familiares está toda España yo digo, porque tengo antepasados catalanes, asturianos, andaluces, santanderinos.

SP: ¿Cuál fue la generación que vino a Cuba?

JIR: La generación que vino a Cuba fue la mi abuelo, que era asturiano y mi abuela catalana. Yo no estoy seguro si ella vino a Cuba o ella ya estaba en Cuba, tú sabes que eso en Cuba era muy frecuente; pero mi papá sí era cubano y mi madre también era cubana; mi abuelo por parte de Rasco era cubano también; y mi abuela por parte de Rasco también, de Cienfuegos.

SP: Entonces ¿en realidad hay un solo abuelo que fue inmigrante?

JIR: Exacto, que vino a los 13 años a Cuba, el «sobrín» clásico que venía. Le fue muy bien, gracias a Dios, e hizo fortuna. Primero en un almacén de paños donde había empezado de dependiente, y después tenía también un negocio de esos de carboneras que había en Cuba en aquella época, donde se usaba el carbón para todo, y creo que algo de pesca en Batabanó también tenía.

SP: Básicamente comerciante.

JIR: Sí, él era eminentemente comerciante, y tuvo cuatro varones y cuatro hembras. Todos los varones eran profesionales también: un contador público, dos abogados, un ingeniero, y un arquitecto.

SP: Yo describiría a mi familia como que eran todos profesionales muy sólidos pero en realidad no eran gente de mucho dinero. Clase media profesional. Me parece que la tuya era igual.

¿Dónde tú estudiaste? ¿Hasta qué año tú estudiaste? ¿En qué año te graduaste?

JIR: Yo estudié en Belén, hice mi primera y segunda enseñanza en Belén y me gradué allí y después pasé a la Universidad de La Habana y estudié Derecho y Filosofía y Letras, las dos carreras. Me gradué en el año 50, salí de Belén en el año 45, en la promoción donde estaba Fidel Castro.

SP: ¿El mismo grado?

JIR: El mismo. Tenemos la misma edad, meses distintos pero el mismo curso. Mucha gente en el exilio dice «Yo fui compañero de colegio de Fidel» y sí, estaban en Belén cuando Fidel estaba, pero no en la clase con Fidel. Éramos amigos. Dentro de lo que cabe ser amigo de Fidel, porque Fidel no es amigo de nadie, él es amigo de sí mismo.

SP: Cuéntame de tus experiencias en el Colegio de Belén, y de tus recuerdos de Fidel en aquellos años.

JIR: Yo conocí a Fidel en el año 1942 cuando venía de Santiago de Cuba y llegó al colegio de Belén para el mismo año, en tercer año de bachillerato. Fuimos compañeros entonces. Él llegó que parecía un guajirito en aquel momento, muy acomplejado, muy tímido. Entonces era un personaje muy retraído, un poco cortado por la situación familiar y social de que venía. Como es sabido, era hijo natural de Ángel Castro y de Lina Ruz. Llegó al colegio y se encontró con esa clase media de que antes hablábamos, que no era tan rica la gente de Belén como la gente se cree, hay un poco de leyenda, creo que había muchos más ricos en Cuba aparte de Belén, además Belén tenía muchísimas becas y lo que se pagaba era irrisorio comparado con estos tiempos.

Recién llegado de Birán, en Oriente, Fidel era un tipo que venía cargado de ambición y de tenacidad, esa tenacidad que es más gallega que cubana, porque Fidel tiene más rasgos gallegos que cubanos. Eso le llevó a sobresalir, sobre todo en el deporte. Fidel era un tipo fuerte, resistente, y sobresalió sobre todo en campo y pista, en *basketball* y en béisbol y resultó siendo un *all star* del colegio. Tenía una dedicación tremenda a practicar. Entonces lo que él hacía es que se quedaba hasta altas horas de la noche practicando y practicando —durante los días de fiesta, de vacaciones, a veces hasta altas horas de la noche. Yo recuerdo haberlo visto un día tirando la pelota con un *catcher* en los patios del colegio que daba a Tropicana, al cabaret, por atrás. Entonces él, cuando se le cansó el *catcher* siguió tirando la pelota contra la pared y la recogía y volvía a tirarla, y así. Fue *pitcher* también. Él se imponía. Por no dejar de ser campeón fue hasta campeón de *ping pong*. Era un tipo de poca agilidad aunque de mucha resistencia y de mucha fortaleza, pero fue campeón también de carreras largas, sobretodo de 400, 800 metros. Tenía una resistencia física enorme, unos pulmones muy grandes, le decían «el caballo» por eso. Yo fui campeón de garrocha internacional, o pértiga, como dicen en España, y él nunca pudo saltar garrocha, mientras que yo era flaco entonces y también tenía alguna agilidad. Y yo le decía: «¿Sabes por qué tú no puedes saltar garrocha, Fidel? Porque ese es el único deporte que las mujeres no hacen.» ¡Entonces se endiablaba! Hoy en día ya las mujeres saltan garrocha también, pero en aquella época no, y sobre todo en los colegios de Cuba, y eso lo mortificaba; pero después él se reía con el tema y lo conversaba con otros.

Fidel no era un buen estudiante, no era lo que se llamaba un filomático en Cuba —pegado a los libros—, pero sacaba todas sus asignaturas aunque a veces se descuidaba por los deportes o por otras actividades. Pero con la memoria patológica que tenía (no sé si todavía la conserva)... Porque todo lo de Fidel es patológico. Por ejemplo, hacía este chiste con nosotros muchas veces. Cogía un libro de texto y se lo aprendía y tú le decías: «A ver, Fidel, ¿qué dice el libro de Sociología en la página 53?» Y él te disparaba la página. ¡Se aprendía los libros de memoria! Yo recuerdo que en quinto año de bachillerato él se había descuidado en el primer semestre. En los colegios privados en Cuba había dos exámenes, el del colegio privado primero y el del instituto después.

SP: Yo lo sé. Mi mamá era maestra del Instituto de la Víbora, ella era la que hacía el segundo examen.

JIR: Pero el colegio de Belén, para conservar su prestigio, no dejaba presentarse a nadie que no hubiera pasado las así asignaturas por el colegio primero. Fidel en el primer semestre no había pasado, y entonces le hizo un reto al Padre Miguel Ángel Larrucea, que era el director en aquel momento de la pre universidad, que se le llamaba al quinto año, y Fidel le dijo: «Déjeme ir a estos exámenes de todas maneras, si saco 100 en los del colegio usted me deja ir, y llevo todas las asignaturas por el oficial.» Bueno en dos semanas se preparó y se disparó todo aquello —creo que era Francés, Historia de América, y Lógica. Se aprendió de memoria hasta las respuestas de Francés que tenían los ejercicios y sacó 100 en todas las asignaturas por el colegio. El colegio, por supuesto, lo dejó ir al examen final por el instituto. Esa es una prueba del memorión que tenía ese hombre, era patológico.

Otra característica de nuestro compañero, esto te va a sorprender. En Belén había lo que se llamaba la Academia Literaria Avellaneda, que era una academia de oratoria fundamentalmente que dirigía el ilustre Padre José Rubino, que era un gran poeta además. Para entrar en la academia, para ser miembro había que dar un discursito de 10 minutos y el tema te lo daban sólo una hora antes. No podías hacerlo con ningún papel ni nota, ni nada, era pura oratoria. A Fidel le costó trabajo pasar esa prueba y a la tercera fue cuando pudo pasarla. El Padre Rubino, como su profesor, decía: «Si le ponen cascabeles en la rodilla bailamos aquí todos como en un concierto», porque Fidel temblaba del nerviosismo y la timidez tan grande que tenía. O sea, como tú ves, se superó mucho el muchacho, la timidez que tenía la perdió.

En Belén había también debates oratorios y en uno de los debates, que fue público —se invitó al público en general y a la prensa— nos enfrentamos Fidel y yo. A mí me tocó defender los derechos de la escuela pública, argumentando que no había razón de ser de la escuela privada, y a Fidel al revés, Fidel fue el defensor de la escuela privada, algo así. Entonces en la crónica que el periódico hace se burlaron de Fidel, paradojas de la vida, diciendo: «El casto Fidel defendió los derechos de los capitalistas, de los empresarios que ponían colegios privados.»

SP: ¡Qué irónico!

JIR: En otro debate que tuvimos le tocó defender la tesis del dictador bueno y a mí me tocó defender la tesis de la democracia.

SP: ¿Tú te acuerdas en base a qué él defendió al dictador bueno?

JIR: Por poner orden, poner paz, buscar la justicia.

En el colegio hubo tres profesores que influyeron mucho sobre Fidel: uno el Padre Armando Llorente, no sé si tú lo conoces, que es director de la Agrupación Católica Universitaria, de la cual yo soy miembro, allá y aquí. Después el Padre Francisco Barbeito, otro jesuita muy bueno. Además el Padre Alberto de Castro, que era un gran orador además. Para nuestro gusto hoy día, tal vez era un poco ampuloso, pero de todas maneras era una obra de arte, una orfebrería del vocablo. Vale la pena oírlo alguna vez, porque es un caso excepcional, es un espectáculo.

SP: ¿Esas fueron las mismas personas que influyeron sobre ti?

JIR: También, los tres influyeron bastante sobre mí. Ahora, Llorente tenía mucha relación con los pupilos mayores del colegio y además se ocupaba de fomentar el espíritu expedicionario de los *boy scouts*, y ahí es donde entra la amistad grande de Llorente con Fidel. Llorente cuenta una serie de aventuras que pasaron en esas excursiones. Una de ellas es cuando hubo una crecida de un río muy grande y entonces los muchachos estaban de un lado del río y no podían cruzar. La única forma era tirar una soga para el otro lado. Fidel cogió la soga y se la puso en los dientes, se arriesgó a nadar en la corriente, y clavó la soga del otro lado. Eso lo cuenta Llorente como que prácticamente nos salvó la vida en aquel momento. Sobre la personalidad, Llorente dice que «Fidel Castro es un hombre muy difícil de definir, en cierto modo es un poco Quijote, un soñador siempre soñando; por otra parte, es un hombre práctico para otras cosas. No es un modelo de hombre normal que hace bien todo, ni que resuelve las cosas ordinarias, pero sí es un hombre que resuelve las cosas difíciles.» El Padre Francisco Barbeito fue el que predijo que Fidel era un diamante en bruto que tenía grandes potencialidades y que si las empleaba habría que hablar de él en el futuro. Creo que hasta lo escribió en la revista del colegio. El Padre Alberto de Castro, que según él fue el que más influencia tuvo, fundó en el colegio lo que se llamó «Convivio». Convivio era una asociación medio secreta que él hizo en el colegio con un grupo de alumnos distinguidos que según él tenían capacidad de llegar a ser dirigentes de alguna forma, que les gustaba la política, la historia. Él era profesor de historia en el colegio y nosotros, un grupo muy pequeño, formamos parte de Convivio, incluyendo a Fidel también. Fidel, indisciplinado siempre, no iba mucho a las reuniones pero sí bebió mucho de las ideas nuestras en aquella época y consultaba y hablaba mucho con el Padre Alberto de Castro. Yo fui presidente de Convivio en una época, y Fidel quiso serlo pero aquella vez perdió las elecciones conmigo. Esos son los tres profesores que más influyeron en Fidel.

Ahora, en el colegio, sí hay otros curas que lo conocieron también muy bien: el Padre Rubino en el laboratorio, y el Padre Larrucea. El Padre Miguel Ángel Larrucea tuvo un encuentro muy fuerte con él un día. Este jesuita era un hombre muy bueno, muy preparado, y era como el director, inspector del quinto año de bachillerato del pre universidad. Un buen día le quitó a Fidel una pistola que tenía escondida en el cinto bajo la camisa, pues desde entonces Fidel demostraba intensiones gansteriles. El Padre Manuel Foyaca (que fue un hombre muy avanzado para su época) nos dio clases de Cívica y era sociólogo. Además de eso era extraordinario, tenía el doble poder de ser un tribuno académico, cuando se trataba de la cosa académica, y después era un tribuno de barricada, de orador cuando hablaba en la plaza pública. Él hizo una campaña muy interesante en Cuba, por todos los pueblos de Cuba, mítines sobre la doctrina de ser cristiano, que fue un éxito ya que él era tan buen orador. A él nunca le gustó Fidel y cuando empezó la revolución, cuando muchos jesuitas estaban embobados como casi todo el pueblo cubano, Foyaca fue uno de los que dijo «Esto es comunismo, no le den vuelta, esto es comunismo.» Y hasta hizo una conferencia sobre eso y la iba dictando por todas partes, pero nadie le creyó en aquella época, ni sus propios amigos jesuitas, porque así era la cosa. Y al revés, el otro Padre franciscano Ignacio Biaín, director de *La Quincena*, era más fidelista que Fidel, defendiendo todo aquello de una manera increíble.

SP: La impresión que yo tengo de aquellos años es que la iglesia estaba dividida en sus actitudes y sentimientos. Tal vez eso sea otro paralelo con la situación de hoy en día: la Iglesia se quiere presentar como unida, pero me parece que la iglesia está dividida.

JIR: Sí, la iglesia estaba dividida, había mucha confusión, y la iglesia era parte del pueblo cubano.

La Agrupación Católica Universitaria

SP: ¿Qué era la Agrupación Católica Universitaria? Me parece importante porque tú saliste de la Agrupación, Marcelino Miyares salió de la Agrupación, son varios que han jugado papeles bastante críticos en el exilio y todos salieron de la Agrupación.

JIR: La Agrupación fue una institución fundada por el Padre Felipe Rey de Castro en el año 1931. Este la fundó junto con un grupo de alumnos de Belén que se graduaron ese mismo año, incluyendo a Juan Antonio Rubio Padilla. Él fue un personaje también en Cuba, del Partido Auténtico, muy decente, muy honesto, fue Ministro de Salubridad y un hombre que jamás se equivocó con Fidel. Fidel en plena Sierra Maestra y este hombre diciendo horrores en todos lados sobre él. Era un conversador fascinante, casi un sofista.

Rubio Padilla fue ministro de Carlos Prío-Socarrás, cuando este fue Presidente. Era un hombre intachable, dicen que estaba medio loco pero eso es aparte, pero decía unas verdades enormes y durante el proceso de la Sierra Maestra él decía: «Esto es comunismo, no se equivoquen, esto es comunismo.» Fue un profeta, él lo vaticinó. El fundador de la

Agrupación es él, realmente, con otro grupo de gente, ahí estaba José Antonio (Joseíto) Roco que era médico, Marino Pérez-Durán, que fue profesor de Historia muchos años, gente muy valiosa, y José Ignacio Lasaga, que fue de los fundadores de la Agrupación, el que escribió la letra del himno de la Agrupación, incluso. El propósito de la Agrupación era formar hombres católicos, cultos en el catolicismo también, o sea, dar un poco de Filosofía y Teología que no se enseñaba y mantener una cultura paralela con la cultura profesional que tenían otros profesionales, como los abogados, los médicos, porque en Cuba en aquella época los hombres apenas iban a la iglesia...

SP: Yo así lo recuerdo. Mi papá nunca fue a la iglesia, mi tío nunca fue, mis bisabuelos eran masones, lucharon en la guerra de independencia, que salió en gran parte de las Logias Masónicas. Pero mis abuelas tenían siempre un rosario en la mano. La religiosidad era también una manifestación de las diferencias de género en Cuba.

JIR: Lo primero que se hizo fue dar ejercicios espirituales en el retiro, tipo ignacianos, de tres y cuatro días, hasta de una semana. De un retiro de esos salió la Agrupación. Los hombres como no iban a misa, se burlaban de todo aquello, pero él fue formando los hombres profesionales bien. Se insistía mucho en estudiar las carreras muy bien en la universidad. Se daban círculos sobre las materias universitarias profesionalmente para que la gente tuviera todavía más base, porque la universidad dejaba mucho que desear en muchos aspectos, la verdad. Había una biblioteca allí en la Agrupación, la gente iba a estudiar allí. Entonces se formaban líderes católicos pero que fueran conocidos por sus conocimientos, por su sabiduría, no solamente porque eran buenos porque no queríamos beatos. Tanto es así que se puso como lema (esto luce un poco antifeminista) «*estovir* – sé hombre.» Es la frase ciceroniana, el «*estovir*» estaba en el lema de la Agrupación porque no querían afeminados en la Agrupación, ni beatos de esos de iglesia —católicos sí, pero que fueran hombres. Esa fue la tesis básica y efectivamente la Agrupación empezó a tomar cátedra en la universidad, se ganaron muchas cátedras.

SP: ¿Parte del propósito de la Agrupación no fue que los miembros tuvieran un compromiso social también?

JIR: También. La vivencia católica te hacía ser comprometido socialmente. El Padre Manuel Foyaca y de la Concha fue el que empezó a difundir en Cuba la Doctrina Social de la Iglesia. Él era cubano, sagüero. Fue un hombre sumamente inteligente y para mí un maestro formidable. Yo lo quiero muchísimo, creo que es uno de los hombres que más influyó en mí. Cuando dejó la cátedra de Cívica yo la cogí en Belén, por sugerencia de él, aunque yo todavía no me había graduado pero empecé a dar clases de Cívica. Pues Foyaca con la Agrupación empezó ese movimiento. Después él también estuvo metido en «Los Caballeros Católicos», y en «Los Caballeros de Colón», no solamente era de la Agrupación.

Por encima de todos los celos profesionales, la Agrupación sobre todo era de justicia social. Incluso, se hizo una escuela en el barrio de «Las Yaguas», uno de los solares más pobres de la Habana, que patrocinaba la Agrupación. Ahí se hizo una escuela, se hizo un dispensario médico, se ayudaba económicamente a la gente, se les daba comida, fiestas, se trabajó socialmente ahí, en ese y en otros lugares...

SP: Entonces me parece que el propósito de la Agrupación era no sólo ser hombres, sino asumir responsabilidad.

JIR: Ser apóstoles, en otras palabras. Era una misión apostólica, evidentemente, pero se partía del hombre integral. Queríamos hombres y gente formada culturalmente y católicamente, esa era la idea del hombre cristiano.

SP: A mí me parecía que la Agrupación tenía que haber sido muy importante porque no puede ser una coincidencia que tú fuiste miembro fundador de la Plataforma Democrática, también Marcelino Miyares, son varios.

JIR: Manuel Artime, uno de los líderes de la invasión a Playa Girón, salió de la Agrupación también; Lino Fernández, que hoy en día es de la Social Democracia, de la Coordinadora; Emilio Martínez-Venegas, del MRR (Movimiento de Recuperación Revolucionaria), como Artime.

SP: ¡Gran parte de la «Plataforma» sale de la Agrupación Católica! Dos de las tres ramas de la Plataforma —los Demócratas Cristianos y los Social Demócratas— salen de la Agrupación; tan sólo la rama neo Liberal no lo es.

JIR: Yo creo que en un futuro, el Partido Demócrata Cristiano que se funde en Cuba cuando el comunismo se caiga va a ser una agrupación de todos esos archipiélagos, como yo los llamo, que están por ahí: Demócrata Cristianos, o Social Cristianos, o Social Demócratas.

SP: ¿Fidel nunca fue de la Agrupación?

JIR: No, estuvo un solo día en la Agrupación. Ruly Arango me dijo que iba a llevar a Fidel a un retiro de un día que había en la Agrupación. Fidel se apareció a última hora, pero no participó del retiro. Cuando estábamos saliendo ya y conversando amigablemente, él entró. Lo presentamos al Padre Rey de Castro, famoso fundador de la Agrupación —un tipo extraordinario, gallego por cierto. ¡Fíjate que hay tres Castros ahí! El cura este tenía una pupila muy sagaz para conocer a la gente y dijo: «Caramba, este muchacho, qué pena, tiene grandes cualidades, pero lo veo tan desorientado, me recuerda un poco a Manolo Castro...,» otro que fue dirigente estudiantil en la Universidad de La Habana que lo mataron. Acusaron una vez a Fidel Castro de haber matado a Manolo, no se ha probado realmente, pero sí que estaba en la conspiradera. Pues Rey de Castro sacó esa impresión del muchacho.

Generación política – la Universidad

SP: Veo que tú tenías 20 años en el '45 —o sea, pudiera decirse que tú eres la generación republicana, no la generación del '30, ni la generación de la revolución, sino la generación de los años 40, que se definió por la nueva Constitución de la república. En esto me refiero al concepto de generación política que viene de Karl Mannheim, filósofo alemán en los años '50, y también de Luis Aguilar León («Lundy») en su *Cuba: Conciencia y Revolución*, libro en que se reunieron muchos de sus escritos periodísticos de los años '50 en Cuba y de principios de los '60 en el exilio.

Siguiéndolos a ellos ambos, en mis entrevistas siempre enfoco lo que le estaba pasando a la persona cuando tenía más a menos entre 18 y 25 años, en el momento cuando pasa a ser adulta. Si hay eventos históricos muy dramáticos, estos pueden dejar una huella profunda en su conciencia, en sus actitudes políticas. Entonces yo creo que ustedes, tanto Lundy como tú, que fueron estudiantes en Belén a la misma vez, y entraron a la universidad también juntos, son la generación que es marcada por el constitucionalismo en Cuba.

JIR: Por el espíritu democrático constitucional, por la noción del estado de Derecho.

SP: Exacto. De ahí viene el hecho de que tú siempre has creído en ese fundamento...

JIR: Fundamento democrático.

SP: Electoral, parlamentario, en la importancia del sufragio. Anoche vimos el documental sobre Manuel Márquez-Sterling, editado por Uva de Aragón, basado en la entrevista filmada que le hizo a él Miguel González-Pando. Decía Márquez-Sterling en el documental que él pensaba que la Constitución cubana era muy avanzada, pero tal vez demasiado avanzada para el nivel de desarrollo que tenía el pueblo cubano en aquel entonces.

JIR: Además Márquez-Sterling, de quien yo era amigo y con quien yo sostuve muchas conversaciones, también pensaba que la Constitución cubana del '40 fue demasiado casuística, demasiado detallista, parecía un reglamento.

SP: En vez de ser una expresión de principios.

JIR: Exacto. La Constitución debe ser una cosa más flexible y más general. Ser demasiado detallada trae problemas, la hace inaplicable —por ejemplo, lo que decía sobre la millonésima. ¿Cómo le van a pagar la millonésima del presupuesto a los maestros? Eso es absurdo, era inaplicable económicamente. En leyes sociales la Constitución cubana fue muy avanzada también, tal vez fue demasiado pronto. Cuba no tenía el desarrollo económico suficiente en aquel momento para amparar tantas leyes sociales, económicas para las empresas, que inhibían cierto capital para invertir más. En Cuba sacar un obrero de una fábrica era más difícil que divorciarse.

SP: En otras entrevistas que yo he hecho con personas que eran miembros de los sindicatos en Cuba me han indicado que el código laboral de Cuba era sumamente avanzado.

JIR: En leyes sociales Cuba estaba a la cabeza de toda América.

SP: Lo que pasa es que eso cubría sólo a unos pocos trabajadores.

JIR: Ese era el problema.

SP: Según Carmelo Mesa-Lago, economista que ha seguido todo lo que ha pasado en Cuba minuciosamente, la generosidad del código laboral se debía al gran desempleo que había.

Es decir, el que estaba protegido estaba muy bien protegido también.

JIR: Exacto, los que estaban sindicalizados. ¿Quién entraba en la compañía eléctrica? Nadie, nada más que los parientes de los que estaban sindicalizados allí, cuando se moría alguno de ellos. Y además la inmovilidad: para sacar a un obrero de sindicato era un problemazo enorme, un pleito enorme.

SP: Los obreros tenían «tenure», como los profesores universitarios en los EE.UU. hoy en día.

JIR: En el año '48 fundamos en la universidad un movimiento que tuvo mucha fuerza, el Movimiento Pro Dignidad Estudiantil, que era un programa pidiendo reformas universitarias y que tenía un sentido social de la unidad, distinto, no politiquero, no gansteril. Estábamos contra aquello que cada tres meses había una huelga y se interrumpían los cursos. Era un desastre, la ciudad de La Habana en esa época fue terrible; pero gracias a eso acabé la carrera porque como había tanta huelga aprovechaba y me iba a estudiar. Pero llegó un momento en que la cosa se puso frenética y difícil porque los grupos gansteriles nos estorbaban a nosotros y teníamos la mayoría del estudiantado. Tú sabes que los que se metían en eso era un grupo pequeño, como siempre. La que entonces era mi novia recibía amenazas de muerte, que me iban a matar; y el grupo de acción mataba estudiantes, sí. Algunos mataron en mi época. Contra mi voluntad me impusieron un guardaespaldas un tiempo.

SP: Y los grupos que te amenazaban, ¿Fidel Castro estaba entre ellos?

JIR: Fidel estaba en uno de ellos. Él estaba en la UIR, Unión Insurreccional Revolucionaria. Pero Fidel se cuidaba mucho de no chocar, porque en uno estaba Rolando Masferrer y en otro estaba Mario Salabarría y eran enemigos y amigos, a la vez. Alí Baba y los 40 ladrones, una cosa mezclada, que tú no sabías muchas veces quién era quién: quién era comunista y quién no era comunista. Había mucha turbación y mucha confusión en esa época.

SP: ¿Fidel tuvo que ver con la muerte de Manolo Castro?

JIR: Se supone que Fidel se involucró, yo no sé exactamente pero él le tenía cierta envidia. Pero te contaba que una vez en la FEU (Federación de Estudiantes Universitarios) se planteó liquidar a algunos y mi nombre apareció en la lista y dicen que Fidel dijo: «No, este es compañero mío del colegio y es intocable.» Si es verdad o no es verdad, no sé, pero tal como me lo contaron te lo cuento. Entonces algunos amigos míos y personas mayores me pusieron un tipo a cuidarme, un tipo que había estado también metido en uno de esos grupos, porque los guardaespaldas casi siempre son gente también de gatillo alegre y andaba para arriba y para abajo con él. Hasta que un día me aburrí y dije que si me van a matar, me matan de todas maneras, yo no creo mucho en esas cosas, ni creo tampoco en las amenazas, cuando te van a liquidar no te amenazan mucho.

SP: ¿Tú conocías mucho a «Manzanita» a José Antonio Echeverría? Ya para entonces tú eras mucho mayor.

JIR: Ya yo no estaba en la universidad. Me lo presentaron un día y tengo una gran simpatía por él, creo que era un muchacho muy bueno, muy honesto, muy decente, muy católico. Era un «*rara avis*» en la universidad, sobre todo siendo dirigente.

Las causas de la Revolución

SP: Déjame preguntarte esto porque tú seguramente lo has pensado mucho ¿Cuáles dirías tú fueron las causas de la revolución cubana? En sus orígenes, ¿de dónde sale la revolución?

JIR: Primero que nada sale del 10 de Marzo. El padre del 26 de Julio es el 10 de Marzo porque se interrumpió un ritmo constitucional que mal que bien se estaba llevando, que el propio Fulgencio Batista había aceptado en el año '40 y el '44. Hay que ver el significado de aquello, Batista que había sido el dueño de Cuba del '33 al '40 prácticamente, y entonces se decide a institucionalizar el país gracias, en gran parte, a un hombre muy olvidado, Federico Laredo-Brú, que fue Presidente de Cuba cuando Batista era Jefe del Ejército. Era un hombre de leyes muy centrado, muy valiente, sin aspaviento. Laredo Brú influyó mucho sobre Batista, lo convirtió en un señor de jurado, de Derecho y por eso lo llevó a hacer una Constitución y a elegirse democráticamente y después lo enseñó, a mi juicio, a entregar el poder a su más mayor rival, que era Ramón Grau-San Martín.

Yo digo que hasta ahí la estampa de Batista lucía muy bien, el hombre del '33 del golpe de estado va evolucionando, se culturaliza, se civiliza un poco, después comete también muchos atropellos por el camino, pero al final se adecenta, digamos, y por cuatro años gobierna constitucionalmente, democráticamente y va a unas elecciones. Pierde su candidato favorito, que era Carlos Saladrigas (que era un buen candidato, además), y le entrega el poder a Grau-San Martín. Grau viene por cuatro años, después viene Carlos Prío-Socarrás, y a casi 100 días de las elecciones Batista da un golpe de estado. Ahí empieza el septenio trágico de Batista que fue el que alborotó a toda la juventud y puso a todo el pueblo en contra de él. Esta fue una causa política.

La revolución de Fidel Castro, inicialmente todas sus características eran políticas, yo diría burguesas. ¿Qué se quería básicamente? Restablecer la Constitución del '40, ese era el grito de guerra de todo el mundo, elecciones en un plazo no mayor de 180 días, (se discutía un poco el tiempo de las elecciones) y después un gobierno honrado y un gobierno civilista. Eso es prácticamente, yo te diría, el «leitmotiv» que movía a la revolución aquella que fue hecha por la clase media, básicamente. Después cuando entra Fidel se convierte en lo que tú conoces, con el gran apoyo de la clase alta cubana que le dieron $26 millones de dólares a Fidel, no con los obreros, ni los campesinos que no se reunieron. Fidel nunca pudo hacer una huelga de verdad, general, porque no llegaba a la masa en aquel tiempo. Fidel después se santificó, se rebautizó en las aguas del Cauto, de la Sierra Maestra, yo no sé, pero la fama de Fidel hasta entonces era de revolucionario agitador, loco, la fama de comunistoide, de botellero, de gánster. Él se santifica en la Sierra Maestra gracias a la propaganda internacional que empieza aquí, en *The New York Times* con el artículo de Herbert Matthews. Este artículo fue un despertar: «Señores, hay un hombre allí que está peleando contra Batista, acuérdense de aquello.» La situación económica fue boyante en época de Batista, al final, la verdad es esa.

SP: Porque también en las ciudades, sobre todo en La Habana y Santa Clara, el Directorio Estudiantil era en realidad mucho más fuerte y más importante.

JIR: En toda la organización del clandestinaje, el llano dio incluso más víctimas, más muertos que la Sierra Maestra, en la que no fueron tantos, ni las batallas tampoco. Fue una guerra psicológica, eminentemente. Radio Rebelde en eso tuvo una penetración bárbara y entonces, claro, el odio a la dictadura batistiana que se hizo muy latinoamericano también. Cuba no era un paraíso, como se pinta en el exilio, eso no era así y ahora aquí todas las cosas se idealizan y la nostalgia por el pasado además contribuye mucho a eso. En Cuba había mucha injusticia social, en Cuba había mucho desempleo, un desempleo creciente, en Cuba había mucho analfabetismo. En fin, Cuba no era el paraíso; tampoco era la leyenda negra que han pintado los «ñángaras», los comunistas, era un país en vías de desarrollo. Estábamos en punto de despegue —según la tesis del economista Walter Rostow. Entonces

Fidel aprovechó eso para cambiarla a un sentido social y, claro, encontró mucho eco. Ahí es donde algunos curas se vuelven también fidelistas porque los curas sí vivían mucho la tragedia, algunos de ellos sobre todo. Una cosa era la ley y otra la aplicación de esa ley y las violaciones de esa ley porque no se pagaba muchas veces el salario ordenado. La gente tenía que trabajar por lo que le daban, y si no te gusta te vas y hay otro trabajador. Eso desgraciadamente, fue una cosa que pasó bastante. De modo que esa causa es lo que torna la situación: de política la hace social. Desde luego, yo sí creo que aquí había ya un plan por parte de los comunistas, de infiltrarse en esa revolución y aprovecharla, aunque esa revolución no respondía a los cánones marxistas-leninistas. Fidel es quien la voltea en cooperación con Carlos Rafael Rodríguez y un grupo de comunistas que ya desde la época de la universidad eran íntimos amigos de Fidel.

El principio de la Revolución

SP: Cuando la revolución triunfó tú tenías 34 años. ¿Qué hiciste en los años de Batista, al principio de la revolución? ¿Cuáles fueron tus esfuerzos?

JIR: Durante la etapa de Batista nosotros formamos un grupo que se llamó el Partido Liberación Radical, donde estaba Manuel Artime, estaba Amalio Fiallo, estaba yo, y unos ex Moncadistas decepcionados de Fidel. Nosotros incursionamos en la política tratando de buscar una salida electoral. Esa fue la tesis nuestra, en eso seguimos a Carlos Márquez-Sterling, que era del Partido del Pueblo Libre.

El grupo de ex Moncadistas que se unieron a Liberación Radical incluía a Raul Martínez-Arará, Orlando Castro, Carlos Bustillo, y otros más. Esta gente estaba decepcionada de la cosa belicosa, de la cosa violenta y entonces se incorporaron a la tesis nuestra, que era la tesis pacifista, la tesis electoral. Vale más un mal arreglo que un buen pleito, y esa tesis la mantuvimos. Pero lamentablemente, vimos que había tanta intransigencia de parte del gobierno, como de la oposición, que no querían llegar a un acuerdo. Incluso muchos de los que hablaban de negociación y de paz mandaban a los muchachos por la noche a poner bombitas. Eso no era serio y nosotros nos abstuvimos a última hora y no fuimos a las elecciones porque no había ninguna garantía y seriedad en aquel proceso.

Esa es la triste historia, la intransigencia que hay hoy, es la misma que había ayer. En el exilio la gente no quiere paz, no quiere negociación y utópicamente quieren tumbar aquello, no sé cómo. Por parte de Cuba tampoco hay la menor voluntad de un diálogo que estamos propugnando nosotros ahora con la Plataforma Democrática, y también con el Partido Demócrata Cristiano, incluso desde mucho antes de que la Plataforma se formara.

O sea, yo mantengo la misma línea que mantuve desde los años 50 hasta hoy día. Creo que la fórmula de la urna es preferible a las armas, que es mucho, pero desgraciadamente el cubano parece que no tiene una cultura democrática suficientemente desarrollada como para esta cosa. Además llaman traidor a todos los que sostenemos esta tesis. Yo estuve en el proceso de Playa Girón y sí fui activo combatiente, porque en aquel momento creía que era la única posibilidad, la única salida. Pero ya una vez consolidado Fidel con el ejército tan descomunal que tiene, y el servicio de inteligencia y de espionaje que tiene, y todas las cosas que tú sabes, yo creo que esa fórmula de la violencia hoy día no puede caminar. Luego insistimos en buscar un entendimiento, un diálogo como ha pedido el Papa y los obispos de Cuba y como ha pedido toda la gente en el mundo entero. Hemos caminado un poco en eso, haciendo campaña por nuestra causa en casi toda América Latina, y en los parlamentos europeos y el americano, demostrando, llevando a cabo la tesis del diálogo y las elecciones, que encuentra mucho respaldo en todas partes —excepto en la zona de Miami y Hialeah. Cuando sales hacia el norte, ya eso no camina, tú lo sabes mejor que yo y lo mismo en muchos países latinoamericanos. Todo el mundo encuentra que sí, que lo inteligente es lo que han hecho los países de América, como Chile, que supo negociar una salida, los argentinos y los uruguayos y los centroamericanos y nosotros no hemos podido llegar a nada. Esa es la triste realidad.

SP: Anoche en el documental que vimos sobre Márquez-Sterling, le preguntaron que si él creía que Fidel había sido comunista desde siempre. Tú que lo conociste íntimamente, ¿tú crees que él sí era comunista desde muy joven?

JIR: El sí era comunista. Además, él me lo dijo a mí una vez, me dijo «chico, tú tienes que ir a Carlos III, donde está la oficina principal del Partido, y hay libros y yo he tomado varios cursillos sobre Marx, sobre Lenin, y sobre Hegel.» Sabía muchísimo, al revés de lo que la gente cree, porque con esa memoria se lo aprendía todo, era un fenómeno. El libro *Qué Hacer* de Vladimir Iliych Lenin por ejemplo, es un libro que yo digo que él lo aplicó en Cuba en el año '59 y lo fue siguiendo paso por paso, una serie de recetas que daba allí. Por ejemplo, decía que hay que eliminar los bastiones de la tiranía antigua, destruir los edificios, las estaciones de policía, porque eran una cosa simbólica. También la huelga. Durante la etapa revolucionaria, hasta que cae Batista y se fuga Batista no se había podido producir una verdadera huelga general y entonces se decreta en enero del '59, en pleno triunfo, una huelga general que no tenía sentido —¿para qué?, si Batista ya se fue. Pero había que cumplir con el escalón leninista: para que una revolución triunfe verdaderamente con la tipología leninista tiene que haber una huelga, para indicar la participación obrera. Y como no había tenido participación obrera se genera esa huelga absurda y todo el mundo se preguntaba ¿para qué es esta huelga, a qué viene esto?

Yo entonces era ejecutivo del periódico *Información* y tenía mi columna. Entonces me pidieron dos de los dueños que eran amigos míos —José Ignacio Montaner (que no tiene nada que ver con Carlos Alberto) y Pedro Basterrechea Díaz, que eran dos de los cuatro accionistas, (los otros eran los hermanos Sergio y Santiago Claret)— que ya que yo conocía a Fidel fuera y lo entrevistara antes que llegara a La Habana, porque estamos preocupados. Entonces yo fui con Fernando Alloza, que era un español republicano exiliado, que fue comunista en sus años mozos, fue líder también en Argelia del partido comunista, y conocía muy bien toda la estrategia del partido. Primero yo fui a Santiago de Cuba, el 2 y el 3 de enero, y lo que vimos allí nos espantó. Hablamos con alguna gente, particularmente con Fermín Peinado que había sido comunista también y ahora era un católico de marcha y martillo (después aquí fue miembro del Instituto de Estudios Cubanos), muy amigo mío, profesor de la universidad de Oriente y él nos dijo: «Esto es marxismo, olvídense, no piensen en más nada,» al revés de mucha gente que estaba equivocada. Fermín Peinado estuvo muy claro en eso, que había que tener cuidado y había que empezar a prepararse para eso. Entonces volvimos a La Habana y lo contamos. No pudimos ver a Fidel en Santiago de Cuba, pero Raúl sí estaba, tampoco hablamos con él, fue en los días que fusiló a una partida de gente, en esos primeros días, les hizo cavar su propia zanja y ahí mismo los fusiló en el llano. Ya habían salido de la Sierra Maestra, estábamos ya en el triunfo, el 2 o el 3 de enero. Fidel baja el 1ro de enero. Fusiló gente al principio, sin piedad ninguna, fue una crueldad increíble. Justos y pecadores, como siempre pasa, había gente que sí, que eran criminales, pero otros no, pero sin juicio por supuesto. Por nombre: ¡Este, este, pum! Para la zanja.

Entonces volvemos a La Habana y nos dicen: «Tienen que ir a Santa Clara para que antes que llegue a La Habana hables con Fidel Castro.» Y allí fuimos. Entonces localizamos a Fidel en el gobierno provincial de Santa Clara tarde en la noche y estuvimos como una hora hablando con él, arrinconados allí en una esquina, aquello estaba así lleno de gente arribista.

En esa conversación Fidel se burló... primero, defendió a los comunistas, de entrada. Me dijo: «Rasquito» (porque él me decía Rasquito), «lo único que te digo es que los que han peleado aquí de verdad son los comunistas». «¿Cómo tú dices eso Fidel? Pero si los católicos, los mártires de Guajaibón, los no sé qué, los no sé cuánto, y la Acción Católica que estuvo contigo, ¿cómo tú vas a decir eso?» «No, no, eso fue lo verdadero.» Así, una defensa increíble del comunismo. Segundo, se burló de todos, de Manuel Urrutia, de José Miró Cardona, de Roberto Agramonte, de todo el elemento anticomunista o no comunista, constitucional, que formó parte de su Gobierno Provisional por un tiempito, para despistar. Miró Cardona ya en febrero estaba fuera; a Urrutia le dieron el golpetazo más bajo, acusándolo de un delito nuevo en los códigos penales, porque estuvo al borde de la traición. Pues se burló de toda aquella gente, porque era un cínico, usaba a la gente. La gente decía «Pero cómo, si Felipe Pazos está ahí y Justo Carrillo y el otro...» Los utilizó, sencillamente, para despistar. Pero ese día ya él me echó peste de los americanos, horrores de los americanos, del embajador. Le digo yo: «Pero Fidel si hasta por Guantánamo te han ayudado a ti los americanos.» Es verdad que le mandaron armas por la base naval de Guantánamo y le pusieron el embargo de armas a Batista para que no pudiera tener ni pólvora. O sea, que si los americanos no lo ayudan, si no hubiera sido por la ayuda americana Fidel no hubiera llegado al poder. Bueno, pues empezó ya su campañita abierta, anti americana. Yo volví horrorizado.

SP: Mi primo Augusto Vidaurreta Pedraza, que era joven entonces, me dijo que fue durante el discurso del 6 de enero en Santa Clara, cuando él se dio cuenta de que Fidel era comunista.

JIR: ¿Sí? El del 8 de enero es el discurso que yo digo que es típico.

SP: El 8 de enero es en Columbia, en La Habana después de la llegada triunfal.

JIR: El del 8 de enero, el de la paloma que se posaba en el hombro, a mí me pareció horrible, ¿Por qué? Porque dije, este no es un discurso cubano. El discurso cubano del triunfo es el discurso de la alegría, el jolgorio, aquí no ha pasado nada, todos somos amigos, la borrachera, el triunfo. Este era un discurso para crear fricciones, para crear divisiones dialécticamente, dentro de la técnica marxista leninista, eso es típico, con la palomita en el hombro. Para crear los contrastes. El discurso sobre «¿Armas para qué?» fue para quitarle las armas al otro para cogerlas, ya estaban comprando armas en Bélgica en aquel momento.

SP: «¿Armas para qué?» era para quitarle las armas al Directorio Estudiantil.

JIR: Exactamente, para cogerlas él. Yo voy al día siguiente a El Calvario y me encuentro con el Padre Manuel Azcárate (que después fue obispo de La Habana). Murió hace poco en Santo Domingo, exilado, retirado. Renunció a ser obispo, pero se involucró mucho en la revolución. Entonces me dijo Azcárate: «¿Qué te pareció el discurso de tu compañero ayer?» Digo yo: «Me pareció una pieza magnífica, marxista-leninista.» «¡Cómo tú dices eso! No es posible, Rasco, tienes el diablo metido en el cuerpo.» Así me dijo: «Le tienes envidia a tu compañero de curso, tú le habrás ganado en el colegio pero él es el que está ganando en la vida.» Así me dijo. Digo: «Bueno Padre, con el tiempo se sabrá.» Y así fue. En eso yo estuve clarísimo siempre, vimos que aquello era de muy mala leche, aquello tenía un espíritu del carajo. Yo tenía además el antecedente de Santa Clara y el de Cienfuegos, que te voy a contar. Fidel nos dijo «Acompáñeme a Santa Clara.»

Por cierto, a pesar de todo eso y de las discusiones que tuvimos allí mandó un saludo al pueblo de La Habana a través mío y de Alloza, un escrito de él. Se publicó en el periódico en primera plana, o sea, que no había malas relaciones. Me dijo: «Tengo que ir a tu casa a comerme una paella, dile a tu esposa Estela, que me haga una paella.» Bien, entonces vamos hasta Cienfuegos, un frío que pelaba, yo creo que yo nunca había visto tanto frío en Cuba. A las 3 de la mañana fue el *meeting* en una plaza pública allí. Y Fidel empezó a desbarrar y a hablar así como habla en oleadas, con pausas; «¡porque la revolución!... ¡porque el embajador americano!... ¡porque hay que acabar con esto!... ¡la contrarrevolución ya está asechando!» Nos quedamos Alloza y yo pasmados. Pero, déjame decirte otra cosa, cuando salimos de la entrevista con Fidel nos encontramos allí con Artime, con José Pardo-Llada y con una partida de gente que venía de la Sierra Maestra, que habían estado allí. Artime se había incorporado a la revolución en la Sierra el 28 de diciembre, o sea, estuvo tres días nada más en la Sierra pero bajó ya con barbita. Entonces estábamos allí conversando y los dos casi dijeron a coro: «Oye, Rasco, esto es peor que lo de Batista, esto no tiene nombre.» Me dice Pardo-Llada: «Hay que empezar a conspirar ya, el militarismo de Batista no tiene nada que ver con esto, la crueldad de esta gente es salvaje. Vamos a reunirnos en la oficina de Emilio Ochoa.» Emilio Ochoa era un líder del Partido Ortodoxo, muy demócrata, muy anti Fidel de toda la vida. Por supuesto, esa entrevista nunca se dio.

Por ahí alrededor estaban los comunistas de mi época, de la universidad, de carnet comunista, como eran Raúl Castro, Baldomero Álvarez-Ríos, Alfredo Guevara, Antonio Núñez-Jiménez (que había sido además batistiano), Benito Quesada.

SP: ¿Y el papá de Vladimiro Roca, Blas Roca?

JIR: No lo vi aquel día allí, no recuerdo haberlo visto. Carlos Rafael Rodríguez sí andaba por allí. Aquello fue increíble. Yo llegué a La Habana erizado. Fui a ver a algunos obispos y embajadores, políticos amigos míos. Miró Cardona me dice: «Rasquito, tú sabes que a ese niño lo manejamos con el meñique.» Yo tenía un bufete a media cuadra de Miró y nos tropezábamos al entrar o salir, nos veíamos allí. Entonces Miró, que era un poco teatral, tenía un retrato de su padre colgado en el bufete. Su padre fue Miró Argenter, compañero de Maceo, el que escribió el *Diario de campaña de Antonio Maceo*. Entonces me decía «¿Qué hago Rasco?, ¿Qué voy a hacer, cuando miro el retrato de mi padre y Pepito, mi hijo, me dice que quiere ir a la Sierra?» Yo le contesto: «Debe ir, porque su abuelo también fue a la manigua.» «Pero tú conoces a Fidel mejor que yo, ¿cómo es posible que con ese gánster yo voy a dejarlo ir?» Sin embargo, después fue Primer Ministro en el primer gabinete de Fidel. La ley contra las universidades privadas la decreto Miró-Cardona. Horrible. Esa es la verdad. Es muy complicado, yo te compadezco, solamente viviendo algunas cosas de estas, uno puede entender un poco la matraca. Desgraciadamente es muy laberíntico todo esto.

SP: Esa es una buena palabra, laberíntico.

JIR: El poder se le metió en la cabeza a esta gente y se creían los dueños de Cuba, no solamente Fidel, todos ellos. Yo fui un día a ver a Alloza mismo, a hacer una entrevista para el periódico y Alloza no me dejó entrar. Pero Miró vino al exilio, y cuando vio que nadie lo quería recibir (porque en aquella época para el exilio Miró era un vendido) nunca lo he visto tan humilde como cuando llegó a mi casa a explicar su situación: «¡Ay, Rasco, tírame una mano!» (porque la gente creía que yo tenía mucho poder, pero no era cierto). «... porque mira a ver, yo quiero trabajar con ustedes.» Yolanda, la hija de él, fue compañera de Estela, estudiaban juntas y mi mujer se pasaba el día con ella. Bueno, Miró fue testigo de mi boda, pero cuando volvió, otra vez, a tener poder se le subieron de nuevo las ínfulas.

SP: Es que el poder intoxica y la gente se va hacia el poder. Todos: las mujeres, los hombres.

JIR: Hay una frase de Juan Gualberto Gómez, compañero de José Martí, que yo uso mucho: «Es que yo soy un viejo paraguas sobre el cual ha llovido mucho.» Así uno aprende lo que es un ser humano. Hasta entonces uno tiene la ilusión básicamente de lo que es la entereza, la honestidad, el coraje.

SP: Estábamos hablando sobre el discurso de Cienfuegos y el discurso del 8 de enero. ¿Fue en ese viaje que tú te diste cuenta que ustedes tenían que meterse otra vez a luchar?

JIR: Exacto.

SP: Y ¿cómo tú llegaste a esa tesis? Porque en aquel momento la tesis tuya era que se debía hacer a través del sistema electoral.

JIR: Porque en aquel momento no había otra fórmula posible: «¿Elecciones para qué?» había dicho Fidel.

SP: Ahí se tumbó el sistema electoral.

JIR: Fue el paréntesis violento mío. Aquí no hay otra salida que quitar esto, por fuerza, ya no queda más remedio. Pero hoy día, veo que aquello se ha fortalecido tanto, tiene un ejército fabuloso, el más grande de América como tú sabes, un sistema de espionaje bestial. El servicio de inteligencia de Fidel, me dijo un tipo de la KGB de Moscú, «es el mejor del mundo, mejor que el nuestro, porque él ha tomado de nosotros, de los chinos, de los checos, de todo el mundo.» Todo eso lo mezcló y salió el sistema de Cuba.

SP: Es impresionante ver que todo está penetrado. Yo decidí cuando iba a hacer este proyecto de Sociología e Historia, que me iba a olvidar de eso, porque indudablemente que en algún momento...

JIR: Es que es un sistema totalitario de verdad. No es la dictadura tropical cubana o venezolana, de Ali Babá y los 40 ladrones, que mientras tú no te metas con ellos no hay problemas, tú haces lo que te da la gana. Mientras tú no te metías con Batista directamente podías deambular tranquilamente y hacer negocio y todo lo que tú quisieras. Pero con esta gente no, porque acabó con tu iglesia, con tu familia, con tu colegio, con tu industria, con todo, no te dejaba respirar...

SP: Acabó con todas las instituciones.

JIR: Con todas las profesiones, se metió en todo. Conmigo o contra mí, no había otra posibilidad; tenías que irte, o que te fusilaran, o que te encarcelaran. El encierro, el entierro, o el destierro eran las opciones.

SP: ¿Cuándo ustedes llegaron a la tesis de que tenían que responder de modo violento, con armas, «nosotros» en ese momento era quién? ¿La Democracia Cristiana?

JIR: No, la Democracia Cristiana se funda en Cuba en el año '59. Fui fundador y fui el presidente, se llamaba entonces Movimiento Demócrata Cristiano (MDC) porque no había partidos políticos. Entonces lo inscribimos en el gobierno provincial como una asociación cívica, que era la única salida. Fidel habló bien de nosotros entonces, en aquel momento: «Eso es lo que hace falta en Cuba, gente nueva, gente joven, gente como Rasco,» así dijo por televisión un día. Pero al día siguiente me llamó al INRA (Instituto Nacional de Reforma Agraria), donde tenía la oficina y me dice: «Oye, ¿me oíste ayer?» «Sí, muchas gracias por las cosas que dijiste.» «Pero te voy a decir una cosa, estamos en un momento revolucionario y no podemos permitir ningún tipo de discrepancia.» Le dije: «Fidel, lo siento, aplaudiremos lo que hagas bien y nos opondremos a lo que hagas mal, porque tú sabes que yo no sigo a hombres, sino a ideas. Cuando estemos de acuerdo contigo te vamos a aplaudir, cuando no...» Pero Fidel dijo: «No se puede porque en este momento revolucionario hay que estar incondicional con la revolución.» «Yo no soy incondicional de nadie, ni de la revolución,» le dije. «Atente a las consecuencias. Mientras no conspires está bien, puedes hablar lo que quieras.» Y así fue. Yo metí críticas por radio, por televisión. El periódico *Combate* (que era el *Granma* de entonces) me dedicó casi el periódico entero después de un programa de televisión al que yo fui que ya fue lo que casi me obligó a exiliarme. El título del artículo era «Rasco da asco», así mismo.

SP: En aquel entonces ¿cuál era tu cargo?

JIR: Presidente del MDC. Además, yo entonces estaba en el periódico *Información* y tenía mi bufete propio, y era profesor de la Universidad de Villanueva también, de Ciencias Sociales y de Historia de Cuba, básicamente. Por eso yo fui a protestarle la Ley 11 a Fidel. Casi al principio de la revolución, fue la primera que hizo Miró, como te decía, cuando era primer ministro y entonces los muchachos de Villanueva me decían: «Chico, tú que tienes contacto con Fidel, vamos a pedirle una entrevista a Fidel.» Entonces, como periodista, consigo una entrevista con Fidel. Yo me adelanto, iba Eduardo Boza-Masvidal (que después llegó a ser Obispo) también en esa entrevista, pero fui solo primero para localizar a Fidel dentro del Palacio Presidencial. Me encuentro en el tercer piso del Palacio con Fidel y empezamos a hablar. Era un burlón tremendo de la gente. Rufo López-Fresquet era Ministro de Hacienda y había hecho una ley absurda, para pasar por jacobino también, poniendo un impuesto en la «Crónica Social» por cada adjetivo que uno usara. Absurdo.

SP: Era para legitimarse él mismo como parte del proceso.

JIR: Y Fidel se reía con eso. Entonces empezamos a hablar ahí y en eso llega el Che Guevara, y le dice a Fidel: «Oye, Fidel, qué problema nos has buscado tú con la cosa del «capitancito» este, Rodríguez, creo que se llama.» Dice Fidel: «¿Por qué, chico?» «Porque tú me mandaste a que yo lo prendiera y está en La Cabaña, pero este hombre ni es latifundista, ni es batistiano, estuvo en la Sierra con nosotros, y la cantidad de telegramas y de visitas que recibo exigiendo el por qué ese hombre está preso, me vuelven loco.» Entonces Fidel lo cogió por la solapa y le dijo: «¿Tú no te acuerdas de quién es este hombre?» «Cómo no me voy a acordar, si te digo que estábamos con él todos los días en la Sierra.» Dice Fidel: «¿Tú no te acuerdas que era el anti comunista más grande que teníamos?» Y el Che le ha dicho «Sí, Fidel, viejo, pero las cosas no se pueden hacer así, hay que ir poco a poco.»

SP: ¿Eso se lo dijo el Che?

JIR: Delante de mí. Entonces Fidel le dijo «Mira Che, haz lo que quieras, préndelo, fusílalo, mándalo para el exilio, lo que te dé la gana, pero yo no quiero saber más nada de este hombre.» Entonces a este hombre, el Che lo mandó al exilio, a Nueva York, y cuando llegó al aeropuerto de La Guardia, el tipo sacó una pistola y se pegó un tiro. Dejó una carta firmada que alguien había escrito porque el tipo era analfabeto.

Como yo estaba en el periódico Fidel un día me dijo por qué tú no me haces una ley de prensa para acabar con el relajo de la prensa en Cuba. Es verdad que había un relajo de la prensa en Cuba, todo el mundo cogía dinero del gobierno, había parte de la nómina que la pagaba un ministerio, para tener dos o tres periodistas que hablaran bien de ellos. Entonces yo me reúno con algunos miembros del bloque de prensa que eran todos demócratas y preparo un proyecto y un esquema muy liberal sobre la prensa. Fidel me dice: «Bueno, llévamelo al Hilton tal día a las 3 de la mañana» (hora que le encantaba a él). Llego al Hilton. Aquello estaba inundado de personas, obispos, embajadores, ministros de gobierno del nuevo y del viejo régimen. Porque todo el mundo le iba a implorar a Fidel, Fidel lo resolvía todo allí o no resolvía nada, pero la gente iba a ver a Fidel, a pedirle que no fusilen a este, que no pongan preso al otro, que no sé qué. Y Fidel ante toda aquella magnitud de gente y de calidad de gente que había allí, no saludó a nadie, olímpicamente se va hasta el fondo del salón y entonces ve al capitancito este, el del Che Guevara y lo abraza y se lo come a agasajos allí, como hacía Batista y le dice a Celia Sánchez: «Oye, Celia, mira, con estos hombres son los que hay que gobernar, los que estuvieron con nosotros en la Sierra, porque si toda esta partida de arribistas que están aquí ahora hubieran estado con nosotros, Batista no hubiera durado 7 años.» En eso tenía su razón. Entonces el guajirito le dice: «Fidel, ahora es muy difícil verte.» «Celia, dale los teléfonos míos, el de Cojímar, el del Vedado, el de Palacio, aunque yo esté en Palacio él tiene derecho de mampara.» El derecho de mampara en Cuba es que tú puedes ver a un personaje sin previa cita, empujas la puerta y entras como si fueras de la casa. Entonces le dijo «Bueno, Fidel, entonces ¿cuándo hablamos?» «Bueno, deja ver, porque ahora yo estoy muy ocupado, tengo que ver a mucha gente. Rasco, acompáñame.» Subimos al elevador 10 o 12 personas y cuando está allí en el elevador, se cierra la puerta, se vira para atrás y le dice a su ayudante: «Hazme el favor, chico, a ese muchachito me lo mandan a prender.» «¿Cómo Fidel?» «Sí, ese que estaba hablando conmigo ahora.» «Lo que usted diga.» «Pero eso sí, que sea el Che el que dé la orden, yo no quiero saber más nada de ese hombre, de modo que habla con el Che y dile que lo prendan.» Ese es Fidel Castro, el autor y el actor de teatro más grande del siglo XX. Fíjate el show delante de la multitud: abraza al tipo. Se cierra la puerta, la bambalina: que lo prendan, que lo maten.

SP: Pero que dé la orden otro.

JIR: Porque él es el autor, el actor, y el que escribió la trama también. Allí no se hacía nada sin Fidel y la gente lo seguía ciegamente porque tenía un poder «del cará».

SP: Y un carisma impresionante.

JIR: El tipo se imponía de qué manera. Pero fíjate qué cínico, qué degenerado. Un acto de crueldad enorme, una cosa increíble, ese es el verdadero Fidel, desgraciadamente.

SP: ¿Alguna parte de la familia se quedó en Cuba o todos salieron?

JIR: Alguna parte se quedó en Cuba, no pudieron salir por alguna razón.

SP: Me interesa la cuestión de la división familiar. Además, yo noto que aquí en el exilio la tendencia siempre es interpretar que todos los que se quedaron eran comunistas, mientras que en realidad algunos de los que se quedaron fue porque alguna circunstancia de aquel momento no les permitió salir y después ya estaban tan ajustados a aquello que ya no tenía sentido tratar de salir. Además, la familia que tenían era la que estaba allá, ya que habían perdido vínculos con la que estaba acá...

JIR: Mucha gente le coge miedo al extranjero, a lo extraño, al idioma.

SP: Mas los lazos familiares se habían desusado.

JIR: Me quedaron algunas tías que ya estaban muy viejas. Yo fui el primero que salí, en abril del '60. Mis padres se quedaron allá un tiempo, les cogió Playa Girón a mi hermano y a mis padres. Mi hermano estuvo muy activo en la clandestinidad en Cuba y a mi padre lo metieron en el Blanquita preso algunos días. La pasó bastante mal, por el apellido, pero mi padre no estaba en nada, mi padre siempre fue muy apolítico en todo, pero lo cogieron. A un primo mío también y así. Pero división familiar realmente no hubo.

SP: ¿Ni por el lado de Estela tampoco?

JIR: Por el lado de Estela un tío se quedó allá y se integró. Eran ocho hermanos, había muchas diferencias. Una pareja se quedó. Un cuñado de mi hermano Raimundo se hizo miliciano.

SP: Hablábamos de los años del principio de la revolución. Una de las cosas que yo trato de entender es el proceso de pérdida de afecto político. De hecho, ese es el tema central del libro en que estoy trabajando. Sin embargo, en caso de personas que se dieron cuenta desde el principio de lo que era aquello, en realidad no hay un proceso de cambio, de pérdida de afecto político. ¿Tú lo sentiste así desde el principio? ¿Tuviste una pérdida de afecto político? O sea, la persona que primero se ilusionó mucho con la revolución y creyó en ella, después va perdiendo aquel afecto, dada ciertas experiencias que tuvieron. Pero hay personas que en realidad —yo creo que es tu caso— nunca adquirieron ese afecto político. Tú conocías a Fidel del colegio, así que nunca te entusiasmaste con lo que estaba pasando.

JIR: Nunca. Yo siempre viví en la oposición en Cuba desde que tenía uso de razón casi, me opuse a casi todos los gobiernos.

SP: O sea, que tú tienes mucha práctica en ser de la oposición.

JIR: Sí, siempre me acuerdo de una frase que se la oí a Felipe González, el Presidente Socialista de España. Un día hablando con él en Sevilla, alguien dijo que el poder desgasta. Dice Felipe, «No, lo que desgasta es la oposición.» Yo nunca he visto el jamón; yo siempre estuve en contra de Grau, Prío, Batista, Fidel, siempre he estado en la oposición. Hasta en el banco, cuando fui presidente, estuve en la oposición, estaba contra el *«establishment»*.

La oposicion organizada

SP: ¿Entonces ustedes decidieron alzarse?

JIR: No, nosotros fundamos lo que se llamó el Frente Revolucionario y Democrático, el FRD. El Frente era una agrupación de todas las organizaciones principales, no batistianas que había hasta entonces que eran: los Auténticos de Tony (Manuel Antonio) de Varona; la Triple A de Aureliano Sánchez-Arango; la Democracia Cristiana de la cual yo era Presidente; el grupo Montecristi de Justo Carrillo; y el Movimiento MRR de Artime. Esos son los cinco grupos no batistianos, porque estaba también La Rosa Blanca de Rafael Díaz-Balart, pero en aquel momento no lo podíamos admitir por ser batistiano.

Ahí formamos en 1960 lo que era el Frente Revolucionario Democrático que lo hicimos en Nueva York, en realidad, y en Miami pero después nos fuimos a México y en México fue donde se intentó organizar la cosa de Playa Girón. Pero cuando fundamos el Frente oficialmente en junio del año '60 en México, todavía mucha gente que vino después no estaba integrada a la oposición a Castro y entonces es cuando, esto se hace en cooperación con los americanos...

Constitución del Frente Revolucionario Democrático (FRD) en 1960. De izquierda a derecha: Manuel Artime, Tony Varona, José Ignacio Rasco, Aureliano Sánchez Arango y Justo Carrillo.

SP: ¿Con la CIA (Central Intelligence Agency)?

JIR: Sí, con la CIA básicamente. Firmamos un acuerdo de ayudarnos políticamente. Después eso se amplió cuando vino Miró-Cardona y se formó lo que se llamó el Consejo Revolucionario Cubano. Ahí entró Manolo Ray y una serie de personajes que cuando fundamos el Frente no estaban dispuestos a entrar. Miró-Cardona como ex primer ministro del Gobierno Provisional representaba la tesis de la revolución traicionada.

SP: Pero esa tesis en realidad la compartía Manolo Ray también, que era el MRP (Movimiento Revolucionario del Pueblo). ¿Son iguales?

JIR: No son iguales, son parecidos.

SP: El parecido es que compartían la tesis de la revolución traicionada.

JIR: Es que esta gente habían estado con Fidel y se habían ido de Fidel. Los otros, ninguno quiso entrar con Fidel. Yo podía haber sido ministro de Fidel. Justo fue un tiempito del gobierno pero lo dejó en seguida. Tony Varona jamás, Aureliano tampoco, y Artime había estado en la Sierra Maestra en los últimos momentos y después trabajó un tiempito en el INRA pero enseguida se dio cuenta que era comunista aquello y se salió.

SP: Yo los conozco porque yo entreviste a Manolo Ray en Puerto Rico y también a otra gente que peleó primero con Fidel y después en contra, y la tesis de ellos decididamente es la revolución traicionada, ¿Cuál sería la frase que describe la tesis del Frente Revolucionario Democrático?

JIR: Yo diría que era doble: la revolución traicionada y traidora. O sea, los de la revolución traicionada, químicamente pura, sostenían que la revolución fue traicionada por Fidel porque la hizo comunista; pero yo digo sí, pero eso fue porque había un traidor. El problema fue que ustedes no se dieron cuenta de que el traidor venía atrás. Por eso hay que hablar de la revolución traicionada y de la revolución traidora. Ellos fueron cómplices inocentes, pero fueron cómplices, porque encaramaron a Fidel allí. El MRP con Ray protegía a Fidel como loco, igual que el Directorio, igual que Eloy Gutiérrez-Menoyo.

SP: Ellos creían en él, eran del 26 de Julio.

JIR: Yo digo que por eso hay que hablar de la traicionada y de la traidora. Hubo gente que duró mucho tiempo con Fidel y se dejaron engañar de una manera tremenda, por miedo o por lo que sea, aguantaron allí y después salieron...

SP: ¿Cuando tú hablas de la revolución traidora, lo que tú quieres decir era que la intención de la revolución siempre fue una traición?

JIR: Una traición. Cogió de pretexto la cosa anti batistiana para quedarse, pero en el fondo... por eso cambia la revolución de política a socialista. Yo acepto la tesis de la traicionada, pero también la traidora, porque eso no se hizo de la noche a la mañana, no nació de generación espontánea. Eso desde la Sierra venía minado ya, porque había comunistas en la Sierra, como lo dice la presencia del Che Guevara y lo dice Raúl Castro también. Mucha gente se pierde en eso. Entonces por ejemplo, mucha gente aquí, ultra conservadora, como Rocinante Rivero, dicen: «No había revolución traicionada, siempre fue la misma cosa.» Yo creo que hubo las dos cosas porque hubo gente de buena fe que habían estado contra Batista y fueron traicionados, la verdad. Ahora unos por tontos y otros por vivos, alguna gente conocía quién era Fidel pero pensaron que lo iban a hacer Presidente de la República.

SP: Que ellos se iban a aprovechar de lo que venía.

JIR: Sí y cuando obligaron a renunciar a Urrutia muchos de estos se aprovecharon. Miró Cardona en el closet tenía un traje de dril 100, que era el traje que usaban allí los políticos, porque tenía aspiraciones presidenciales. Y ¿qué hizo Fidel? Nombró a Osvaldo Dorticós que era ñángara, comunista de toda la vida, ¿Cuál era el propósito de Fidel? Estaba más claro que el agua: deshacerse de toda esa gente que le sirvió de pantalla y de disimulo, de banderita un tiempo para decir que la revolución no era comunista, pero después le cortó la cabeza a todos ellos.

SP: Esa es la revolución traidora, la que usó a esa gente moderada para montarse en el poder y después enseñó la cara.

JIR: Exactamente.

SP: Yo siempre pensé que a Fidel le decían «el caballo», por el cuento del caballo de Troya, que entra en Troya y entonces lo que le salió de adentro era una sorpresa, una traición.

JIR: Se puede aceptar la tesis. En Belén ya le decíamos «el caballo», pero la tuya pega muy bien, es muy buena versión.

SP: Entonces cuando ustedes fundaron el Frente Revolucionario Democrático ya estaban en el exilio todos, todo el mundo se había dado cuenta de lo que era eso. Tengo entendido que una de las cosas que quería hacer el FRD en aquel entonces era instaurar un gobierno en el exilio.

JIR: Se habló de eso pero nunca fue un propósito. La idea más bien era hacer un gobierno en Cuba una vez llegada la invasión.

SP: El propósito era volver a Cuba con la invasión, a rescatar la revolución, rescatar la democracia. Como tú me dijiste lo hicieron junto con los americanos, junto con la CIA; sin embargo, en los círculos americanos de izquierda esa es una de las cosas que más ha dañado ese esfuerzo. También así lo pintaron en un documental que Fidel hizo sobre Playa Girón, donde llama a todos los invasores «mercenarios». ¿No se podía haber hecho sin la CIA?

JIR: En aquel momento no. Y nosotros consideramos eso como un préstamo de los Estados Unidos para después pagarlo cuando nos liberáramos. La tesis nuestra era si hay una alianza entre Rusia y Castro, nosotros tenemos que aliarnos con otra potencia. ¿Cuál era el enemigo en la Guerra Fría? Rusia y Estados Unidos, entonces busquemos al enemigo que nos brinda la oportunidad. Se hubiera logrado si no hubiera sido por la traición del Presidente John F. Kennedy. Eso lo explica muy bien Enrique Ros en su primer libro, *Girón: la Verdadera Historia*.

SP: Eso es lo que se ve en el informe de la CIA que ahora se acaba de hacer público. ¿Qué cargo tenía Enrique Ros?

JIR: Él era como el coordinador del Frente allá en Cuba. Las cinco organizaciones tenían, por supuesto, gente en Cuba, eran cubanas, y nosotros éramos delegados de ellos. Ros vino aquí porque tuvo un accidente y volvió a Cuba. Yo lo propuse en el Frente para que fuera a Cuba, como este va para allá que coordine un poco las actividades allí, y eso fue lo que por un par de meses hizo. Era un tipo muy inteligente. Él es el padre de Ileana Ros-Lehtinen, que llegó a ser Representante de la Cámara de los Estados Unidos, Republicana por el Estado de Florida.

La organización clandestina del MRP se jacta mucho de que ellos lo hicieron, ellos tenían su organización, pero cuando ellos lo hicieron ya nosotros lo teníamos muy avanzado y yo te diría que el primer grupo clandestino lo fuimos formando Laureano Batista y yo antes de salir de Cuba, ya que caminamos todas las provincias de Cuba. Esto, por cierto, fue muy curioso porque detrás de nosotros la Acción Católica Cubana mandaba una comisión diciendo: «No le hagan caso a esta gente, esto no es comunismo.» Pero nosotros formamos células en aquel momento que después se organizaron mejor. Laureano Batista fue uno de los que estuvo trabajando en eso. Él no era nada de Batista. Era una de las familias más ricas de Cuba, Batista Falla, que eran dueños del Trust Company y tenían como siete u ocho centrales azucareros: Falla Gutiérrez, Falla Batista, todos son la misma gente. Pero Laureano era un idealista, su padre lo amenazó con quitarle la herencia si seguía en estas actividades. Tenía unos barquitos, íbamos a Cuba, metíamos pólvora y todo ese tipo de cosas, y él era director de toda esa orquesta, le gustaba mucho eso. Laureano era un hombre muy inteligente, muy teórico pero muy poco práctico, entonces a la hora de salir el barquito siempre tenía problemas con el radio o teníamos problemas con la vela o teníamos problema con el motor, teníamos problema con algo. Digo, este es capaz de armar un barco pirata, pero en la práctica fallaba mucho, menos mal que teníamos dos o tres marineros analfabetos, que eran los que resolvían los problemas siempre.

SP: Con respecto a esto de Playa Girón entre los cinco grupos, que después creo que fueron seis cuando entró el MRP, creo que hubo grandes conflictos dentro de este grupo.

JIR: El MRP no entró en el Frente nunca. Ellos no querían saber nada con nosotros, ellos querían hacer otra cosa al margen de nosotros, pero entonces los americanos lo obligaron a fundirse y en esa fundición es donde aparece Miró-Cardona, que trajo a Manolo Ray.

SP: Tiene que haber habido grandes conflictos. Ya yo también me estoy convirtiendo en un paraguas sobre el cual ha llovido mucho.

JIR: Además, en aquel momento la cosa parecía muy inmediata, muy pronta. Y entonces la gente ya estaba pensando en el poder y cómo se repartían aquello y quién iba para el Banco Nacional...

SP: Los ministerios...

JIR: O sea, que era una pelea de perro y mono, una cosa tremenda, habían unas trifulcas enormes. Miró aspiraba siempre a ser el presidente restaurador de los ideales democráticos originales de la revolución, lo cual chocaba con Tony de Varona, que era ambicioso y honrado.

SP: La primera señora de él, Inés Bustamante, fue compañera de mi mamá en la Universidad, y ella me dio sus libros sobre esta época. Ahora, desde el punto de vista de los distintos grupos, ¿Cuáles eran los de más peso?

JIR: Los tres grupos masivos eran Artime y el MRR, que tenía gente; nosotros, los Demócrata Cristianos; y Tony Varona, los Auténticos. Aureliano lo que tenía mucho nombre o renombre revolucionario. Aureliano había sido marxista y tenía fama de guapo y era guapo. Justo era otra cosa. Aureliano lo definió un día: «Justo ha sido el *playboy* de todas las revoluciones cubanas, siempre llega tarde a todo y no se moja la ropa.» Él tenía dinero, vivía bien allá y aquí, y siempre estuvo bien, más o menos, con el *establishment* de Cuba, porque tenía su negocio, según parece, a través de la CMQ. Justo era muy inteligente, muy intrigante, le gustaba crear fricciones. Entonces nosotros elegimos coordinador a Tony Varona que nos pareció más serio. Cuando digo «nosotros» me refiero al MRR de Artime; el grupo Demócrata Cristiano; y un individuo que entró después representando ya a los batistianos, que fue Ricardo Rafael Sardiñas. Lo admitimos por lo que simbolizaba porque empezaron a preocuparse que la gente que estuvo con Batista no podía entrar pero también quería pelear contra Fidel.

SP: Más bien la tesis compartida entre todos porque los grupos son bastante distintos, era restaurar el sistema electoral, eso era lo que unía a la gente.

JIR: Pero con sentidos sociales. Los Auténticos, acuérdate que fueron socialistas en los años '30 y Tony Varona era un tipo avanzado en eso, y Aureliano más todavía, y nosotros igual como Demócrata Cristianos. Y el que es la Social Democracia de ahora, Lino Fernández, Presidente del Partido Social Demócrata, estuvo en el MRR. Es lo que te decía; Artime y nosotros éramos prácticamente el mismo grupo, teníamos mucha unidad y por eso teníamos capacidad de mucha decisión dentro del Frente, y por eso elegimos a Tony. Entonces cuando elegimos a Tony se fueron del Frente Aureliano Sánchez-Arango y Justo pues no estuvieron de acuerdo. Nosotros decidimos que el hombre que más trabajaba y que fue presidente en Cuba del Senado era Tony Varona. Elegimos a un hombre que representaba algo.

SP: ¿Cuándo fue Presidente Tony Varona del Senado? Mi abuelo, Rafael Octavio Pedraza, que era médico, fue Senador y Vice-Presidente del Senado, por los años 1936-1937. Él aparece en el libro de Enrique Ros, *La Revolución de 1933*, cuando votaron los Senadores y destituyeron a Miguel Mariano Gómez del cargo de Presidente.

JIR: Tony lo fue después, durante el gobierno de Carlos Prío del '44 al '48. Tony fue aspirante a la presidencia y lo tumbó Carlos Prío-Socarrás porque Ramón Grau-San Martín no quiso que fuera Tony, ya que no se llevaban bien. Aureliano se fue diciendo que él no quería a los americanos. Mentira, porque después se alió con los americanos aparte. Igual que Ray. Igualito que nosotros se embarcaron con los americanos, cosa que yo no critico porque era la única posibilidad...

SP: Es que no habían otras opciones.

JIR: No habían opciones, sencillamente, o eso o nada. Además yo digo, mientras a mí no me pongan ninguna condición onerosa, yo acepto el dinero de cualquiera para trabajar por Cuba, ¿por qué no? Si yo no lo tengo, si los americanos me lo dan, pues lo recibo para luchar por la democracia en Cuba, nunca para provecho personal. ¿Fidel, no se lo cogió a los rusos? Por qué no lo voy a coger yo. Era una lucha entre potencias, nosotros formamos parte de esa lucha. Eso fue todo.

La invasíon de Bahía de Cochinos:

SP: Entonces el fracaso de Bahía de Cochinos, hay mucha gente que me ha descrito los particulares, ¿tú tienes algo que decir sobre tu propio papel? Tú tenías 36 años, eras viejo para ese tipo de cosas.

JIR: Yo me fajé con los americanos, tuve una bronca de arranca pescuezo con los gringos. El señor «Frank Bender»[1], que era el máximo representante de la CIA aquí, era un tipo de mala calaña, a diferencia del otro representante, «Eduardo,»[2] con el cual yo tenía buenas relaciones. Un día nos reunimos antes de lo que Playa Girón para preguntarle al señor Bender: «Bueno, pero ¿cómo es lo de Playa Girón? Nosotros no podemos embarcar a los cubanos en esta vaina.» La bronca fue primero porque los americanos no querían informarnos lo suficiente sobre la cosa. El misterio era que si se iba a entrar por Bahía de Cochinos, que si por Trinidad...

SP: O sea, que en vez de estar haciéndolo con ustedes lo estaban haciendo ellos solos...

---

[1] Este era el nombre por el cual lo conocían los cubanos. Su verdadero nombre era Frank Droller.

[2] Este era el nombre por el cual lo conocían los cubanos. Su verdadero nombre era Howard Hunt.

JIR: A espaldas de nosotros, olímpicamente, y fue una bronca extraordinaria. Nos botó de la casa de «Eduardo», que era el otro representante de la CIA, muy buena gente, ahí en Coconut Grove. Nosotros además habíamos planteado la tesis generacional. La tesis generacional nuestra era que queríamos para Cuba un gobierno honrado, social, avanzado, de justicia, con representación de la juventud, porque los viejos intentaron controlarlo todo. Tony, Aureliano, Miró porque eran de la generación del '30 se creían con más derecho.

Entonces nosotros planteamos esa tesis. La tesis la firma el MRR, la Triple A, (cuando Aureliano se fue Manuel Cobo sustituyó a Aureliano) y entonces él nos apoyó. La firma el Demócrata Cristiano y también Sardiñas, recién llegado al Frente. Nosotros pedimos aclaración de las cosas que se estaban haciendo, pedimos representación de la juventud. La CIA respondía: «No, Tony lo sabe. Nosotros enfatizábamos: No importa que Tony sepa, nosotros somos todos, esto es un organismo colegiado, donde nunca nadie va a ser presidente. A Tony se le llamó coordinador, no presidente. Bueno, pero se armó una de película. Durante un mes más o menos, el Frente ni se reunía, nada más que conversaban Justo y Tony con los americanos, y entonces nosotros pedimos una entrevista con Mister Bender, pero él solo nos respondía: «Confía en este país».

Yo respondía: «Yo no puedo confiar, yo embarqué en Playa Girón, en los campamentos, a mucha gente, mi cuñado, hermano de Estela, está en los campamentos, y muchos hombres del MDC están allí. Yo quiero ir a los campamentos, yo quiero hablar con la gente» porque había una serie de trifulcas en los campamentos tremendas. A lo cual él me contestaba: «Usted no puede ir al campamento porque usted es civil.» Así mandaron a Tony y a Miró, que tampoco los querían dejar ir. La cosa acabó casi a piñazos, nos paramos y nos insultaron: «Usted es un *son of a bitch*, lárguese de aquí.» Así que nos fuimos de allí. Tengo que hablar de esas cosas porque si no, no se entiende. Artime se convirtió en el *Golden Boy* de los americanos.

Entonces Manolín (José Manuel) Hernández, el historiador, fue el sustituto de Artime. Pero entonces, viene Artime y desautoriza a Manolín y lo hace quedar muy mal. Él dice que no está de acuerdo con esa tesis, que hay que hacer lo que los americanos quieran. Entonces yo exijo ir al campamento, no me dejan ir al campamento, porque yo quiero pelear, yo no quiero embarcar a mi gente. Nosotros teníamos un barco, que era el barco que nos había regalado Pepín Bosh para el MDC. Entonces Laureano, que era nuestro experto militar marino, formó un grupo con gente del Movimiento Demócrata Cristiano, que querían ir a pelear por la costa norte de Cuba. Yo me meto en ese grupo, pero me meto a escondidas porque los americanos también estaban ayudando esto y no me dejaban entrar, así que yo entre de polizón. El barco salía por la noche y yo me metí como a las 3 de la tarde; me tuve que esconder en un cuartucho indecente.

SP: ¿Nadie sabía que tú estabas ahí?

JIR: Nadie lo sabía. Yo aparecí cuando estábamos lejos de Miami, cuando ya no me podían detener. Entonces alguien allí que era de la CIA revela: «¿Y usted qué hace aquí?, usted no puede estar aquí.» «Pues mire, a mí hay que matarme, tíreme al mar si quiere o vamos a pelear.» Al fin la gente intervino y me quedé. El barco «Patoño» fue hacia la bahía de Nipe por la parte norte de Oriente y nos bajamos en dos barquitos. Los que bajaron de verdad fueron muy pocos, éramos 10 o 12 en un barquito y otros 10 en el otro. Venían como 70 pero muchos no desmbarcaron. Entonces nos metimos, yo erizado, porque no sabía ni tirar con pistolitas de agua, como le dije a Fidel un día. Pero me dije: «aquí moriremos porque yo no puedo ser el Capitán Araña». No nos matamos de milagro. Primero nos tiraron desde un barco de Cuba. Fidel por el radio dijo «Ahí viene el barco de Rasco,» porque el telegrafista que teníamos era un espía doble, un espía que trabajaba con la CIA pero era un espía de Fidel. El hombre del «tiqui tiqui». En aquella época no había otras cosas como hay ahora, ni computadora, ni internet.

Aquello fue de película. Yo me tiré en el barquito con Pedro Díaz-Lanz que era uno de los que iba conmigo. Fue jefe de la aviación en Cuba, de los primeros que desertó y que aclaró muy bien las cosas en Cuba. Había una confusión tremenda de Fidel en el INRA y se erizó, cuando vio que Fidel dijo que había que decir una cosa y hacer otra cosa porque no se puede decir toda la verdad, más nuestros caminos están muy claros pero la gente no debe saberlo. Entonces nos salvó dos cosas: primero, que la gente aquella no tenía un radar bueno; segundo, el mal tiempo, un oleaje tremendo. Tuvimos que botar todas las armas, todas las cosas porque el buque se nos hundía por el peso y estaba entrando agua. Yo estaba sacando agua como todo el mundo. Creía que era mi última noche. Hasta que en definitiva pudimos acercarnos otra vez al «Patoño», el barco madre, al día siguiente en la madrugada y eso nos salvó. Ya después yo me quedé en un cayito por allí, cerca de Cayo Sal, para ver si había otro barco y podíamos volver a Cuba. Eso fue unos días antes de Playa Girón, debe haber sido el 13 o 14 de abril.

SP: ¿En aquel entonces las costas no estaban guardadas como ahora?

JIR: No estaban guardadas como hoy en día. Una fragata de Fidel nos vio y nos tiró, se veían las trazadoras pasando. Nosotros nos acostamos en el piso; no teníamos con qué tirarle, de modo que tuvimos mucha suerte.

SP: ¿Pero lograron volver al barco madre y ahí cogieron armas?

JIR: No, ya apenas había armas. Yo me quedé con dos o tres personas más en un cayito esperando a ver si venía otra vez el barco nuestro, el «Patoño», ya cargado con armas para poder pelear; pero el «Patoño» se rompió, unas averías de madre, era un barco viejo y lento, no era un barco de guerra, verdaderamente. Debe haber sido un barco de paseo muy bueno en una época, pero ya era viejísimo y lleno de agujeros. Lo que teníamos eran dos pilotos muy buenos que eran Clemente Inclán y José Gómez-Mena, los dos eran unos lobos marinos. Gracias a ellos ni nos perdimos ni nada, porque otros se perdieron. Yo me pasé como una semana en el cayo, que por poco nos morimos de hambre, no teníamos nada allí.

El «Patoño» y el «Marna» barcos de la expedición organizada por el Movimiento Demócrata Cristiano para desembarcar en Cuba durante los días de Playa Girón.

SP: ¿De qué vivieron en esos días?

JIR: De lo que había, unas cosas que capturamos del barco, unos *sandwiches*, que se nos acabaron, por supuesto, y estuvimos allí en la roca pelada casi. Y había muy poquita agua potable. En eso vino el Coast Guard americano y nos rescató, porque el «Patoño» les había dicho, aquí falta gente que se han quedado por ahí. Así que entonces salieron a buscarnos, alguien les dijo dónde estábamos. Enrique Ros dijo: «¡Esto es una locura!» pero yo tenía que ir de todas maneras porque había embarcado a mucha gente y no me iba a quedar yo.

SP: ¿Entonces, nunca entraron en Cuba? ¿Se quedaron en el cayo?

JIR: No, nunca entramos, como la gente de la Operación 40 que nunca entró, como la gente de Nino Díaz que tampoco entró por la costa norte de Oriente. Mucha gente se quedó. Además no había protección aérea americana, nada, nada de los americanos. Fue la traición consumada. Ahora yo sostengo lo siguiente, no fue solamente Kennedy a última hora, sino también la gente del CIA que cometió tal cantidad de imbecilidades y hubo una desorganización tan grande que yo decía: «¿Esto es los Estados Unidos? Esto es una basura». Y yo pienso que fue a propósito, porque no querían que aquello triunfara de ninguna manera. Esa es la tesis que me dijo el General Anastasio Somoza a mí en Nicaragua, que me dijo lo siguiente: «Rasco, pero es que a ustedes los engañaron, ustedes creyeron en los americanos. Los americanos son falsos, se lo digo yo que soy aliado de los americanos.» Uno de los hijos de Somoza entonces me dice: «Mire, yo tenía aviones aquí preparados para ir allá a proteger a la gente y de la Casa Blanca me dijeron: Que esos aviones bajen inmediatamente o nosotros los vamos a tirar. Así. Creo que fue la voz de Kennedy. Yo tuve un careo con ellos directamente, radiotelefónico.» Así que Somoza estaba dispuesto a mandar aviones.

SP: Hay un documento que acaba de salir de Néstor Carbonell donde él habla sobre Bahía de Cochinos, que va más allá de lo que dijo el reporte de la CIA. Por cierto, hay una foto tuya ahí. Carbonell sostiene que fue una traición americana. Eso siempre lo hemos sabido.

JIR: Pero mucha gente en América Latina cree que fue una fortaleza de Fidel.

SP: Por otra parte, hay que considerar lo que Luis Aguilar León dijo en una entrevista que Miguel González Pando le hizo por video. En ella se ve lo que Lundy dice sobre el discurso de Fidel del 8 de enero, el de la paloma, cuando todo el pueblo coreaba: «¡Fidel, Fidel!» Lundy dice: «*We are doomed* –estamos perdidos». O sea, vemos que el pueblo de Cuba está atrás de este hombre, aunque este hombre no es lo que pretende ser. Esto está en el último documental de González-Pando que se llama «Ni Patria, ni amo». Lundy lo empezó a oír así a su alrededor, todo el pueblo diciendo aquello.

Entonces tú crees que si la Operación Bahía de Cochinos hubiera resultado en el sentido técnico, con el apoyo de los americanos, y no hubiera habido una traición, ¿Tú crees que la invasión hubiera tenido el apoyo del pueblo cubano?

JIR: Sí. ¿Tú sabes por qué? Porque fueron arribistas, oportunistas.

SP: ¿Tú crees que el pueblo hubiera cambiado?

JIR: El mismo pueblo que pedía paredón el 21 de enero frente al Palacio Presidencial, un mes antes, en diciembre, en las Pascuas, fueron a ver a Batista a recoger su jabita de Navidad. La misma gente.

SP: Después del fracaso de Bahía de Cochinos, ¿qué hiciste tú? ¿Qué pasó con la organización del Frente?

JIR: El Frente se convirtió en el Consejo que tenía alrededor de 17 o 20 miembros, aquello fue una cosa global. Después de Playa Girón el Consejo siguió muy bien un tiempito hasta que Miró un día le dio la patada a la lata y renunció y se destruyó el Frente y le quitaron los fondos. Duró por lo menos un año.

SP: Hasta el '62. Después de la Crisis de los Cohetes. Es que ya no tenía sentido seguir: la revolución estaba totalmente consolidada.

JIR: Bobby Kennedy era el que seguía un poco con algunas operaciones, por ejemplo, le dieron plata a Artime para un campamento en Costa Rica. Aquello fue un desorden, un relajo.

SP: ¿Cómo fue posible que volvieran a tratar otra vez después de un fracaso tan enorme?

JIR: Yo le oí decir a Artime lo siguiente: «Mira, esta gente nos ha jodido, pero yo voy a tratar de sacarle todo lo que pueda.» Artime y otra gente, quedaron muy vinculados a los Kennedy en cierto modo. Jackie Kennedy vino aquí y él era el representante de la Brigada 2506. La Primera Dama se interesó mucho por Artime y entonces le dieron mucho dinero. Pero se asociaron con Somoza en negocios, y aquello acabó escandalosamente como la fiesta del Guatao, son cosas increíbles.

SP: Fue un fracaso moral, pero es que en realidad ya no se podía seguir adelante.

JIR: Era una cosa para consolarlos pero no porque los americanos quisieran, ahí están los documentos de Dean Rusk, que era el Secretario de Estado. Hay que acabar con todas esas cosas, puro entretenimiento. Después además mataron a Kennedy, a los dos Kennedy, los cuales tenían remordimiento por el embarque que habían dado. Yo quedé como loco después de toda aquella cosa: ya yo ni soy abogado, ni soy periodista, ni soy nada, ni soy militar, ¿qué hago yo aquí?

SP: ¿En qué estabas trabajando?

JIR: En ese momento en nada, buscando trabajo. De verdad que en aquel momento descentrado, vino un tipo del CIA, que yo conocía porque había sido Profesor en Villanueva, en Cuba, gringo y me dice: «Rasco, sabemos su historia. Usted ha hecho mucho por la causa democrática. Nosotros hemos quedado mal con ustedes, el gobierno americano se siente acomplejado pero queremos que los hombres que más participaron en esto, como usted, no pasen tanto trabajo y que puedan rehacer sus vidas.» Y sacó una chequera y dijo: «Dígame la cifra que pongo.» Le digo: «Mi querido amigo puede salir por esa puerta.» «¡Cómo! Oiga, que otros lo han cogido.» «No me interesa, muchas gracias, yo le agradezco a usted que se vaya.» En aquella época yo tenía esa cosa, ¡cómo voy a aceptar un cheque así! Mi mujer, la pobre, empezó a trabajar de maestra en el Colegio Saint Peter and Saint Paul. Nosotros vivíamos frente al colegio en la 12 y 13. Entonces, yo estoy defenestrado. Jorge Más-Canosa, que fue miembro nuestro, sacó un artículo en el periódico titulado: «¿Hasta cuándo, doctor Rasco?», diciéndome que yo estaba loco, literalmente. Porque fui el culpable del fracaso de Playa Girón.

SP: ¿Por qué? Fueron muchos culpables, creo yo.

JIR: El culpable era yo, dicho en un periódico con un anuncio político pagado con la firma de varias personas que habían estado conmigo también en eso.

SP: Otra traición.

JIR: Entonces le contesté franciscanamente «Algún día las cosas se aclararán.» San Francisco tú sabes que era el rey del perdón, del amor... franciscanamente.

Yo era uno de los pocos que quedó por aquí. Tony se fue para Nueva York; parece que le dieron dinero y se fue para Nueva York con un negocito de una imprenta. Aureliano se perdió también por allá. Artime se fue a Centro América. El despelote fue aquello.

SP: Manolo Ray se fue para Puerto Rico.

JIR: Felipe Pazos, que se había unido al Consejo, se fue para Washington. Justo Carrillo también. Es más, nosotros le escribimos una carta a Felipe Pazos cuando todavía era Embajador de Cuba *at large* en Europa por un año y entonces nos contestó que él no podía combatir todavía a la revolución, porque mientras su hijo Javier estuviera metido a fidelista, él no podía traicionarlo. Una carta vergonzosa, la verdad.

SP: Pero es interesante desde mi punto de vista, porque parte del dilema de todos los cubanos es que todo esto se vive como familia.

JIR: Sí, es verdad.

SP: ¿El Consejo se funda después del fracaso de Bahía de Cochinos?

JIR: No, antes. Destruyeron el Frente e hicieron el Consejo, por las broncas que había habido con los americanos y porque gente nueva quería entrar en una cosa distinto y que no fuera lo nuestro.

Entonces yo en ese caso lo que hice fue que me conseguí una beca de la OEA (Organización de Estados Americanos) y me fui a Europa a estudiar cuestiones del mercado común de integración, que estaba de moda. En el año '60 se funda el Banco Interamericano de Desarrollo (el BID). Yo no era economista pero me gustaba la economía y entonces dije bueno, me busco algunas credenciales económicas, sociológicas. Conseguí una beca y fui a las seis capitales del mercado común entonces. Escribí un informe que se publicó en el periódico en forma de artículo y lo leyó Felipe Herrera, que era presidente del BID. Me escribe una carta a Bélgica donde yo estaba, felicitándome por el artículo y cuando vuelvo de regreso de Europa paso por Washington, voy a ver a Felipe Herrera y le llevo el artículo y la carta. Me dice «¡Ah! Usted es Rasco, yo quiero que usted trabaje conmigo,» y ahí empecé.

Felipe Herrera, presidente del Banco Interamericano de Desarrollo (BID), felicita a José Ignacio Rasco por el premio del concurso internacional «La primera década del BID».

Ahí estuve unos años, fui presidente de la Asociación de Empleados de allí. La primera vez me eligieron con una diferencia de 19 votos y la segunda vez salí con 960 votos. Hice un sindicato, aquello era un *bota fumeiro* para el presidente. Ser presidente de la Asociación era ser presidente de un club de halagos al presidente, al *establishment*. Yo convoqué a unos sindicatos porque había unas injusticias..., abogados de la misma categoría con 10, 15, 20 mil pesos de diferencia. Aquello era un relajo, una misma secretaria ganaba 15 mil pesos más que otra porque dependía de las influencias y los amigos que tuviera. Yo obligué a hacer un Manual de Personal, y obligué a hacer una escala de salarios pública. La gente allí en el Banco, sobre todo la gente de abajo me consideró como un revolucionario salvador y me reeligieron otra vez. Después que me reeligieron, al poco no aguantaba más la burocracia internacional. Además estaba muy limitado para la cosa cubana porque lo más que podía hacer era visitar las embajadas, relacionarme con gente, escribir artículos con un seudónimo...

SP: ¿Por qué con un seudónimo?

JIR: Porque como funcionario del banco no se podía de otra forma. Oficialmente no podía ni siquiera visitar a personajes políticos de altura en los países latinoamericanos y en Europa, una vez me busqué una bronca del diablo porque me fui a ver a Rafael Caldera, Presidente de Venezuela, y me querían botar.

Trabajando en el BID di unas conferencias y me las publicaron cuando yo me fui, como homenaje de despedida por los años. Trabaje en distintas cosas. Fui profesor en la escuela de allí un tiempo y después fui oficial de préstamo para América Latina. Trabajé en México, trabajé en El Salvador, trabajé en Centro América, trabajé en Venezuela, en Argentina, o sea, recorrí toda América trabajando.

SP: ¿Y en aquellos años hiciste algo por la Democracia Cristiana?

JIR: Sí, teníamos un grupo allá de Democracia Cristiana que nos reuníamos pero todo eso era subversivo y clandestino porque como funcionario internacional yo tenía pasaporte diplomático y no podía meterme en nada de política y esa fue una razón por la cual me fui. Pero como yo tenía muchas amistades, conspirábamos, incluso teníamos una reunión allí con todos los Demócratas Cristianos del banco, que había unos cuantos, de los distintos países de América Latina y escribía con el seudónimo «Enrique Lima» porque ese fue el nombre clandestino que yo usé en Cuba en una época. Como Enrique Lima escribía de todo, sobre Castro, sobre Cuba. Lo publicaba en los periódicos, en Caracas, aquí en el *Diario Las Américas*. Cuando fui a Europa entonces sí podía escribir con mi nombre y mandaba los artículos de Europa para distintos países. Actualmente escribo una vez a la semana, en el *Diario Las Américas*

La vida en Miami y el Partido Demócrata Cristiano

SP: Después del '74 viniste para Miami. ¿Qué hiciste?

JIR: Estela y yo cuando volvimos de Washington el primer año aquí sufrimos como tú no tienes idea, por la tensión y la angustia, y el dime que te diré en Miami. Además esto había cambiado mucho. Al principio aquí en el exilio había una mística y había una unidad. Para que tengas idea, en mi casa una noche durmieron 43 personas, con 11 niños acostados en el suelo porque aquello era la casa del pueblo. Teníamos un carro que nos costó $50 dólares, que era un cacharro indecente, lo usaba cualquiera, al que le hacía falta cogía la llave. Era así, había una mística de verdad entre los grupos, de cooperación. Artime comía en mi casa muchas veces y el otro y el otro, todo el mundo, lo que había. Y no había nada. Íbamos al *grocery* y comprábamos para todo el mundo, nosotros vivimos incluso permanentemente con la familia de Enrique Ros, los padres de Ileana Ros-Lehtinen. Estuvimos en su casa un tiempo. Amigos nuestros en aquella época. Nadie decía esto es mío, esto es tuyo, todo se compartía.

SP: Eso es lo que se ha ido perdiendo tras el tiempo.

JIR: Entonces cuando volvimos de Washington, nos encontramos muchos amigos que habían estado con nosotros en la pelea, que ya se habían involucrado en grandes negocios, habían prosperado y ya no se ocupaban del problema de Cuba. Ya estaban en lo suyo, algunos habían hecho dinero, empezaron a comprar casas, propiedades, industrias. Nos chocó mucho eso.

SP: Creo que también fue una de las consecuencias de Playa Girón. Después de eso, la gente también como que cerró la puerta y se empezaron a asimilar y a tratar de hacer su vida aquí porque se dieron cuenta que no había otra posibilidad. Fue un ajuste psicológico.

JIR: Sin duda, yo lo sufrí también. Por eso me fui a Washington, pero volví porque estar anónimo allá en el banco escribiendo por aquí y por allá, sin poder hablar claro nunca me molestaba mucho. Además el banco tenía una infiltración marxista tremenda.

SP: En esos años, también en la universidad, la intelectualidad en este país era muy marxista, por las condiciones de ellos, sobretodo la guerra de Vietnam, por los problemas de aquí. Pero eso siempre restó mucha simpatía hacia el problema cubano.

¿Tú estuviste en la conferencia del Instituto de Estudios Cubanos este año? A mí lo que más me gustó de la conferencia fue cuando Arturo Cuenca, artista conceptual, presentó su colección de diapositivas de arte. Recuerdo especialmente cuando enseñó aquel *slide* que se llama «*This Isn't Havana*» donde presenta a un judío ortodoxo, con el sombrero y el abrigo negro y la barba larga, detrás de una caja de luz con las palmas de Miami Beach. Cuenca decía: «... Y finalmente, la nostalgia de siempre, saber que aun cuando estamos en Miami Beach, que no estamos nunca en La Habana. El cubano en muchos sentidos es como el judío, aquel que nadie comprende, el que está solo, aislado, el que nadie simpatiza con él.» Y entonces me di cuenta que nosotros hemos jugado ese papel, donde quiera que vamos, tanto en Latinoamérica como en la izquierda americana.

JIR: Como el judío errante.

SP: Somos el judío no sólo errante sino el judío incomprendido. Me gustó mucho que lo puso de ortodoxo, porque es el ortodoxo con su barba y su vestimenta que es distinto, es el «otro», el que nadie comprende. Ese es el papel nuestro, eso es lo que nos ha pasado. Creo que nosotros no estábamos preparados para jugar ese papel. El judío si lo estaba porque siempre ha jugado ese papel y lo sabe jugar.

JIR: El mensaje que hemos dado, especialmente en Miami, no ha sido comprendido.

SP: Tampoco eso nos ha ayudado. Hemos jugado ese papel por muchas circunstancias: del incomprendido que está solo, el que es distinto, el que nadie entiende. Y así será.

JIR: Viviendo aquí en Miami empezamos a reconstruir un poco el Movimiento Demócrata Cristiano; fui su presidente de nuevo, después ampliamos el grupo. En el '91 fue donde hicimos la integración de los distintos grupos y fundamos el PDC – Partido Demócrata Cristiano. Eso fue un agrandamiento para buscar algunos elementos que nunca se habían incorporado entre otras cosas porque cuando nosotros hicimos el movimiento en Cuba muchos estaban en el MRP o en otros grupos y eran todavía fidelistas y esa gente no quiso saber nada de nosotros. Es más, nos combatieron tremendamente en Cuba, porque la tesis de ellos era que aquello era la santa cruzada, Fidel era Pedro el Ermitaño, y lo que había que hacer era incorporarse a la revolución y tratar de civilizarla o cristianizarla. Pero eso fracasó, en definitiva no fue posible.

SP: Como él le quitó poder a esa gente, hasta cierto punto ellos querían quitarle poder a él, civilizarlo como dices tú, pero él era más inteligente.

JIR: Y especialmente ese grupo de Reinol González y Pedro Manuel Plana que eran obreros, después vinieron con nosotros.

SP: No me has contado sobre Estela. Mi impresión es que tú has logrado hacer muchas cosas de las que has logrado por tenerla a ella detrás.

JIR: Estela sobre todo ha sido muy permisiva, yo te diría. Por ejemplo, yo me fui un año a Europa solo y ella se quedó con los niños aquí. Eso no lo aguanta todo el mundo. Después yo viajaba mucho por cuestiones políticas y comerciales y muchas veces no estaba en mi casa, cosa con la cual tal vez mis hijos se resintieron un tanto. No he analizado mucho eso, ni quiero analizarlo mucho, pero pudiera ser. Ella ha sido una mujer muy valiente, ella prácticamente mantuvo la casa dos o tres años cuando yo pasé esa crisis después de Playa Girón que fue una crisis muy fuerte, porque aquello fue muy duro. Ella fue maestra en «Saint Peter and Saint Paul, Elementary». Ahí tuvo de alumnos a alguno de los muchachos, fue un alivio; fue una salvación. Porque entonces yo no estaba en plan de trabajar, sino de politiquear. Todavía no me daba por vencido, de Quijote que uno tiene. Yo me he gastado lo que tengo y lo que no tengo; yo tuve que hipotecar mi casa una vez, esta casa la hipotequé para poder pagarme los viajes que he hecho a España, a Alemania y a Bruselas, pagados por este que está aquí, que no es millonario.

SP: Así le pasó a José Basulto que después del derribo de los aviones en febrero de 1996 tuvo que vender la casa. Si, los costos de la política son muy altos.

JIR: La política honrada es el peor negocio, olvídate. Como negocio cualquier cosa da más dinero que la política, si se es honesto. Mi hijo, Joe Rasco, ahora tiene el virus político. Ahora está aspirando a alcalde de Key Biscayne, que se hizo municipio independiente hace poco.

SP: Volviendo a la fundación del PDC, que yo la pude ver por el video que Marcelino Miyares me dio.

JIR: Entonces en el '91 es que se funda el Partido. Le quitamos el nombre de Movimiento para ponerle el de Partido, porque así no había problemas de si esto era aquello. Vamos a empezar una cosa nueva, borrón y cuenta nueva; todos somos hermanos; hay que ayudarse. Entonces entró una serie de gente que no habían querido entrar nunca, pero que eran tan social demócratas cristianos como nosotros. Entonces yo fui el presidente también de ese grupo por varios períodos pero, yo cesé el año pasado en mayo. Fui Presidente con una interrupción de Ángel del Cerro, que fue presidente también dos años. Ahora Rafael «Warry» Sánchez es el presidente. Él es un médico, un gran cirujano obstetra.

SP: En el vídeo que yo vi sobre la fundación del Partido Demócrata Cristiano, yo entendí que en ese momento no era tanto que se fundara como partido, sino que los lazos con el movimiento en Latino América se estrechaban más.

JIR: Nosotros siempre fuimos miembros de la ODCA y de la IDC. La ODCA es la Organización Demócrata Cristiana de América y la IDC es la Internacional Demócrata Cristiana. Yo soy miembro de la directiva de la IDC, y antes estuve en la ODCA. La IDC es mundial y la ODCA es latinoamericana. También hay una africana, y otra asiática porque hoy está extendido el movimiento por todas partes, por todo el mundo.

SP: Y aquí en Miami desde que viniste en el 74' hasta acá ¿En qué trabajaste?

JIR: Estuve dando clases en el Miami Community College, estuve dando clases en Villanueva, en FIU di un curso también. Después me metí en negocios, algo de exportación e importación y después consultoría, que es lo que estoy haciendo ahora. Soy asesor financiero de algunas cosas, principalmente del colegio Belén al cual he estado vinculado de toda la vida. En Belén, fui miembro fundador de la Editorial Cubana y secretario perpetuo hasta ahora, y también soy presidente del Patronato Guiteras. Sigo ciclos de conferencias que algunos los han publicado y otros no. Y también del Instituto Maritain. Soy el presidente y fundador en el año 1982. En Miami nadie sabía ni quien era Maritain. Es el gran inspirador del «Amor es Cristiano» en toda Europa y en América Latina. Hemos hecho círculos, seminarios, hemos escrito unos cuantos libros.

SP: El movimiento demócrata cristiano en Latinoamérica en general, en todos estos años ¿ha crecido?

JIR: Está renaciendo. Tuvo una crisis tremenda. Está renaciendo, le hizo mucho daño lo de Rafael Caldera en Venezuela. Caldera se separó del partido y se unió a un grupo de «chiriperos», como dicen en Venezuela y fue un desastre. Eso afectó al partido porque alguna gente se fue con él de todas maneras por amistad de años, pero muy pocos. Entonces el partido quedó muy desmoralizado, pero en Venezuela Copey, que es como se llama, ha sido un el segundo partido más importante, después de Adecos (Acción Democrática). Siempre ha estado Copey en la línea democrática, con un gobierno honrado, por suerte. Luis Herrera Campins fue el otro presidente que llegó, pero como administrador fue honesto pero no acertado. Entonces su gobierno fue un desastre. Además alguna gente también metió la mano indebidamente. Caldera había sido presidente primero, con un gobierno decente pero tampoco fue nada del otro mundo. En Chile es donde más fuerte está la cosa. En Chile el Partido Demócrata Cristiano ideológicamente fue más fuerte y más numeroso. Eduardo Frei Montalva fue muy amigo nuestro, aunque la cosa cubana nunca la acabó de entender, pero Frei fue un buen presidente para Chile.

SP: Y los sucesos alrededor de Salvador Allende y Augusto Pinochet, ¿Eso afectó a la Democracia Cristiana?

JIR: La fortaleció. La Democracia Cristiana se opuso a Pinochet, hicieron una gran campaña. Después vino este hombre, Patricio Aylwin, que es formidable. Él fue el que logró unir la oposición electoral frente a los terroristas que quedaron fuera. Entonces unió a todos los grupos políticos principales, y esa coalición fue la que tumbó a Pinochet, realmente, a través del plebiscito, pero quedó en minoría. Patricio Aylwin hizo un gran gobierno y ahora el sucesor es Eduardo Frei Ruiz-Tagle. El problema ahora que se presenta es que no hay un candidato de mucha altura para competir con Ricardo Lagos, que es socialista, pero el partido hizo una concertación, como lo llaman ellos, con los socialistas.

SP: ¿Como lo hicieron durante los años de Allende? ¿No hubo entonces una coalición entre la Unidad Popular y los Demócratas Cristianos?

JIR: Sí, pero no como gobernantes. Ahora sí, ahora han gobernado incluso conservadores, un grupo de socialistas y un grupo de demócratas cristianos, que es el principal. Pero la crisis de ahora es fuerte. Ricardo Lagos, que fue ministro hasta hace poco cuando renunció para postularse, es un tipo muy popular, muy querido en Chile y el partido tiene un grupo de gente presidenciable pero no tiene la popularidad que tiene este hombre. El problema es que los socialistas y algunos demócrata cristianos quieren romper la coalición, la concertación, pero se exponen a que sea un desastre para el país.

SP: Porque la concertación ha funcionado.

JIR: La concertación ha funcionado. En Perú el partido se desprestigió mucho con la junta militar. La Democracia Cristiana está renaciendo otra vez, pero muy lentamente. Lograron un alcalde muy bueno, Alberto Andrade, alcalde de Lima, y este parece que está inspirando cada vez más a la juventud. En Ecuador acaba de tomar posesión Jamil Mahauad que es de origen sirio, demócrata cristiano muy bueno, compañero mío en la ODCA cuando estábamos allí de directivos. En Colombia Andrés Pastrana, aunque es conservador, pertenece a la ODCA, no es tan conservador como lo pintan. En Colombia hay una crisis que no sabemos en qué va a parar. Centro América está mejorando, hubo un momento en que fue casi toda demócrata cristiana. En El Salvador Napoleón Duarte fue un gran presidente, pero después de su muerte el partido se dividió. Ahora está otra vez renaciendo. En Honduras no ha prosperado apenas, ahora empieza otra vez. En Costa Rica ha sido mejor, hemos tenido varios presidentes, como Rafael Ángel Calderón. Ahora esta Miguel Ángel Rodríguez, demócrata cristiano. En Nicaragua ha sido un desastre. En Panamá, Ricardo Arias-Calderón es un tipo muy valioso pero cometió tal vez un error cuando vino la crisis de Noriega. A él lo eligieron vicepresidente y estuvo en la base naval americana como todos los demás cuando la crisis de Noriega, pero eso significó cierta antipatía y por otra parte lo pusieron de Ministro de Justicia, que tenía que ver con policía y con cárceles. Hubiera sido mejor como Ministro de Educación ya que él es muy ideólogo, muy filosófico.

Ese es el cuadro, más o menos. En Brazil tuvo mucha fuerza en una época pero después el líder principal, Franco Montoro, se pasó al gobierno, y el partido decayó mucho. Ahora la ODCA está gestionando un grupo nuevo, pero no ha pegado. En las Antillas si hay varios partidos, en Trinidad y Tobago ha sido gobierno. En República Dominicana el partido fue muy bueno, pero el problema es que Joaquín Balaguer lo monopolizó. Pero el Partido más grande era el Social Cristiano. Balaguer era muy personalista, muy caudillista, hacía lo que le daba la gana. Al salir él no había nadie que tuviera bastante fuerza y el que podía haber sido se murió. Ese era Javier Caonabo, un tipo fabuloso, hubiera sido buen presidente, se murió joven, repentinamente, como Enrique Baloyra, igualito.

Fue una pena porque era el más demócrata cristiano de Santo Domingo y tenía fuerza política, mucha fuerza. Al irse Balaguer y morir este que hubiera sido el sucesor, aquello entró en crisis. Como pasó en Cuba con la ortodoxia cuando se murió Eddy Chibás. Y se han dividido en facciones. No está funcionando como demócrata cristiano. Siguen teniendo votos porque es un partido grande pero, se ha tradicionalizado mucho, es un partido electoral, sin preocupaciones ideológicas ni sentido social.

SP: ¿Es tal vez, lo que llamamos en Estados Unidos un *machine politic*, como lo fue en Chicago bajo Richard Daley padre: una maquinaria electoral que funcionaba, pero sin ideología?

JIR: No creo. Balaguer fue muy personalista, muy caudillista. Ahora se han quedado sin padre ni madre.

SP: Yo he sido miembro de Amnistía Internacional por muchos años, y la cuestión de los derechos humanos siempre me ha interesado ¿Por qué tú crees que en la Comisión de los Derechos Humanos de las Naciones Unidas en Ginebra no votaron en contra de Cuba?

JIR: A mi juicio la cosa empezó a fallar con Armando Valladares. Los países latinoamericanos no soportaban que un cubano representara a Estados Unidos, con razón o sin ella pero el efecto que produjo fue: «Mira, vendido a los americanos, sirviendo al Tío Sam.» Entonces los Estados Unidos no dejó que otro país presentara la moción de ellos, como le propusimos 100 veces.

SP: Es lo del David en contra de Goliat, siempre.

JIR: Le dijimos a Chile «¿Por qué ustedes no lo presentan?» «No, porque nosotros, no sé qué.» Tú sabes. Eso ha perdido mucha vigencia ya. Es el hazme reír de la gente, se consigue una condena pero no se puede hacer nada, no puede ni ir el Relator a Cuba, ni a Cuba puede pasar.

SP: Si ellos no tienen el poder de hacer que el Relator que vaya a Cuba, en realidad no tiene mucho valor. Es una cosa simbólica. Ahora en la presentación que yo oí de Jesús Permuy, en el Koubek Center (de la Universidad de Miami), él expresó que eso sí tiene repercusión, que vale la votación en contra de Cuba.

JIR: Algo vale cualquier declaración.

SP: Es curioso que la cosa esté organizada de tal forma, que si hay una comunidad exiliada que quiere presentar el caso de su país, por no ser un país no le permitan turno.

JIR: Por no ser país no, por no ser ONG. Nosotros hablamos a través de la Internacional Demócrata Cristiana (IDC), que es internacional. Nosotros quisimos hacernos independientes por eso también, pero no se pudo conseguir. Es muy difícil, a ese nivel internacional. Es un problema.

SP: A mí me frustra el hecho de que tanto Amnesty International como Human Rights Watch, que son las dos organizaciones que más peso tienen, no hagan más por Cuba.

JIR: Amnesty ha cambiado últimamente pero al principio todo era «Pobre Fidel».

SP: Sí, yo lo sé y aún Amnesty de Londres hace más de lo que hace Amnesty de los Estados Unidos. Y al nivel local depende de quiénes sean. En mi universidad dicen que en Cuba no hay problemas, lo cual es una estupidez, claro está, pero es el problema de la izquierda americana. A mí me frustra el hecho de que los cubanos no hayan logrado hacer algo decente con respecto a la cuestión de los derechos humanos, yo hubiera querido aportar algo, pero nunca he encontrado cómo hacerlo.

JIR: Esta es una labor que hacemos todos los años, recopilar los datos de las violaciones a los derechos humanos en Cuba con nombres, apellidos, direcciones, teléfono, todo. Es un informe serio. Hemos demostrado a Fulano de Tal le dieron palos en la calle J y 23 el día 5 de agosto de tal y tal. Ese es un trabajo que yo no hago, por eso no puedo hablar mucho, porque yo no participo apenas. Eso lo hace Amaya Altuna de Sánchez, que además se reúne con todos los grupos de derechos humanos que hay aquí y que le dan muchos datos y ella hace un resumen. Es un libro enorme así, imponente. Es lo más serio que se ha hecho, te lo digo de verdad. Y entonces muchos de esos datos se le daban antes a Permuy y con eso él trabajaba.

SP: ¿Tú eres nada más del movimiento Demócrata Cristiano? ¿No has decidido unirte con grupos como el CCD – Committee for Cuban Democracy?

JIR: Nosotros tenemos muy buenas relaciones con ellos, pero no. Mira, la experiencia que tenemos es que la dobleza institucional, vamos a decirlo así, es muy difícil de mantener, incluso Marcelino Miyares tuvo una crisis en el PDC, grande, por eso, y yo lo defendí mucho. Además Marcelino es muy noble en eso y lo hace bien allá y lo hace bien aquí, y no se aparta de la línea. Mi tesis es que es posible que mientras el CCD no se aparte de la línea ideológico política y la estrategia que seguimos, el CCD y nosotros estamos coincidiendo en la estrategia de negociación pacífica y diálogo, y está coincidiendo en el acercamiento con Cuba, está contra el bloqueo, en fin, todas las cosas que nosotros decimos.

SP: ¿Cuáles son las diferencias entonces?

JIR: Yo te diría que las diferencias más que nada es que ellos no quieren tener una coloración ideológico política o de filosofía política. El CCD es una cosa abierta, de estrategia.

SP: Porque ellos al principio querían ser un «lobby». Ellos querían ser el «lobby» progresista, la contrapartida de la Fundación y no lo lograron. Y entonces se han convertido en una coalición de estrategia, mientras que ustedes siempre quisieron ser un partido político con filosofía política.

JIR: Pero en estrategia, no hay inconveniente ninguno igual que la Plataforma. Con la Plataforma Democrática discrepamos ideológicamente con Carlos Alberto Montaner, como discrepamos con la Coordinadora. Pero coincidimos en la estrategia y por eso firmamos en Madrid en el año 90, el Pacto de la Plataforma Democrática.

SP: En lo que coinciden todos ustedes es en la necesidad de que la solución del problema de Cuba sea electoral.

JIR: La estrategia no es un problema ideológico. Todos queremos el diálogo, amnistía para los presos políticos, una decisión electoral o plebiscito, algún referendo, no violencia.

La política de Estados Unidos hacia Cuba

SP: Tú eres ciudadano americano. Por lo general, ¿tú votas republicano, demócrata, independiente?

JIR: Yo soy demócrata pero voto con mucha independencia, no hago política partidista aquí. Yo era independiente siempre, pero lo curioso es que me hice demócrata por un republicano que entonces estaba en el partido demócrata y después se fue y se hizo republicano, Eddy Arango. Él estuvo en Playa Girón, muy buen amigo mío, muy buena gente. Además yo simpatizo más con los demócratas. La gente se olvida pero al principio del exilio, sobre todo, los que más nos apoyaban eran los demócratas.

SP: Mi interpretación es que después que los cubanos sintieron la traición de Playa Girón, la gente cambió y se fueron para los republicanos. Desertaron del Partido Demócrata. Últimamente empezaron a volver con Clinton. ¿Qué piensas tú sobre el embargo?

JIR: Nosotros estamos en contra del embargo abiertamente. Nuestra tesis es, todo lo que sea acercamiento es bueno, todo lo que sea alejamiento es malo. Ya Cuba de por sí geográficamente es una isla, no le metas más aislamiento. El aislamiento ha favorecido a Castro, como el embargo ha favorecido a Castro. Y le ha servido de bandera internacional para pasearla por todo el mundo diciendo «Miren, yo soy una víctima del imperialismo yanqui.» David contra Goliat siempre. Y cuando la Unión Soviética era su protectora, el embargo no tenía ninguna importancia tampoco, vivían con rublos más que dólares. Ahora lo están sintiendo evidentemente, pero eso no lo va a tumbar porque mientras tú aprietes y ahogues más económicamente a la gente, menos posibilidades hay de rebelarse, de pensar en otras cosas.

SP: Precisamente porque en lo único que puede pensar el pueblo, todos los días, es en cómo van a sobrevivir.

JIR: Que yo creo que el régimen lo hace más como una técnica.

SP: Por eso es que no quieren aceptar la ayuda ahora.

JIR: Exacto, les conviene que la gente esté ahí esclavizada en una cola, buscando cosas para subsistir.

La sociedad civil en Cuba

SP: Con respecto al papel de los Estados Unidos, hay otras cosas, como el programa de los refugiados, la nueva política migratoria de devolver a los balseros, el acuerdo migratorio reciente que van a permitir la inmigración de 20 mil cubanos al año, ¿Qué piensas tú de esas cosas?

JIR: Yo pienso que todo lo que sea civilizar un poco el problema, llegando a pactos o acuerdos, es positivo. Porque lo otro es el caos, el desorden, la desesperación de la gente, tirándose al mar. No es la solución definitiva, por supuesto, pero es menos peligrosa para todo el mundo.

SP: Yo a menudo he escrito que la emigración siempre funcionó como una válvula de escape. Ahora que son 20 mil al año, lo será aún más. Dagoberto Valdés, de *Vitral*, también ha escrito que el éxodo masivo contradice al proceso de reconstrucción de la sociedad civil en Cuba. Porque cada vez que ellos en Cuba empiezan a hacer algo que vale la pena, el pueblo se va. Y eso no sólo es una válvula de escape.

JIR: Es un arma de doble filo. Por eso a nosotros nos parece que todo lo que sea fortalecer la sociedad civil es elemental. Porque en Cuba no hay nada. En Cuba subsisten, a mi juicio, el gobierno con el ejército, la iglesia, y la disidencia. Lo demás está desbaratado, muy desbaratado. Ahora empiezan a reconstruirse un poco algunos organismos de la sociedad civil...

SP: Como los profesionales independientes.

JIR: Y eso hay que apoyarlo. Es un renacer de la conciencia cívica y pública, que es un primer paso para cualquier otra cosa que se haga después.

SP: Yo creo, como tú, en el diálogo, en las soluciones pacíficas. Sin embargo, cómo puede uno hacer nada cuando en realidad el gobierno cubano no quiere dialogar, no acepta la noción de un plebiscito. Termina uno en la impotencia.

JIR: Ese es uno de los problemas, evidentemente. Igual fue lo que pasó con la dictadura de Batista. Igual el diálogo se frustró y mira las consecuencias. Las consecuencias de no diálogo pueden ser, entonces, la prolongación efectiva de este régimen, o un golpe de estado entre ellos mismos un día, una bronca entre ellos.

SP: Eso es lo que yo creo que bien puede pasar. Lo otro que está pasando es que como siempre bloquean las alternativas pacíficas, tanto el gobierno de allá como la comunidad del exilio, las alternativas que se están desarrollando son las violentas porque las pacíficas están bloqueadas. Yo creo que puede que el cambio venga desde abajo, del pueblo. Puede que el pueblo se levante en un momento. Pero también creo que van a haber divisiones al nivel más alto del gobierno, porque ellos son los únicos que tienen poder.

JIR: Entre ellos mismos. Yo creo que en ese sentido la muerte de Fidel podría ayudar algo. Pero tampoco creo que porque muera Fidel mañana aquello se cae. La prueba es que Fidel ya está bastante incapacitado y se va de viaje pero aquello sigue funcionando. Al estilo y manera de ellos, por supuesto, pero funciona. Hay una maquinaria engrasada que ya está institucionalizada.

SP: Eso es lo que decía mi profesor de tesis de doctorado, Arthur Stinchcombe, del cual yo aprendí mucho. Él era seguidor de Max Weber con su tesis de los líderes carismáticos. Él siempre decía que una de las cosas que a él más le impresionaba de los líderes carismáticos era lo poco que ellos se apoyaban en su carisma. Llegaban al poder por el carisma pero en cuanto llegaban empezaban a institucionalizar el carisma para que no dependiera tan sólo de ellos. Y eso fue lo que hizo Fidel Castro. Por eso, como tú dices, hoy en día él no está ahí, pero eso sigue.

JIR: Fidel ha tenido siempre el gran aliado que la gente a veces ignora, que es Raúl. El es el hombre que le organizó el ejército cuando Fidel estaba volando en otro giro en un helicóptero todo el tiempo para que lo aplaudieran aquí. Porque les gustaba el exhibicionismo, el narcisismo ese que él tiene. El hombre que se metió en el ejército y lo organizó fue Raúl; el hombre que se metió con los obreros fue Raúl; el hombre que se metió en la universidad fue Raúl. Cuando fue a ver ya estaba todo más o menos arquitecturado. Ha sido el mejor guardaespaldas que ha tenido Fidel, evidentemente su propio hermano, que además es un tipo organizador.

SP: No tiene el carisma que tiene Fidel pero sabe organizar.

JIR: Fidel es un desbaratado como organizador, es muy mal administrador.

SP: ¿Tú conociste también a Raúl? ¿Él estaba también en el colegio?

JIR: Sí, pero mucho menos porque era más joven y no estaba con nosotros. Lo botaron del colegio. El no terminó, era mal estudiante, era un desastre. Pero Raúl yo creo que es el hombre que ha mantenido a Fidel. Ni Camilo Cienfuegos, ni el Che Guevara, ni nadie más, el perro fiel ha sido siempre Raúl.

SP: Con los otros, al contrario, siempre hubo conflictos y tensiones.

JIR: A Camilo lo liquidaron; al Che Guevara lo mandaron a matar, lo abandonaron. Fidel no resiste una persona de calidad al lado de él, que tenga un poco de carisma sobre todo.

Lo liquida. Liquidó a Huber Matos, a Humberto Sorí-Marín, el hombre que hizo la Reforma Agraria en la Sierra Maestra. A Arnaldo Ochoa lo fusiló. Él no permite que nadie brille a su lado, no lo permite.

La Revolución en la balanza

SP: Una pregunta que yo le hago a todos los que entrevisto. Si hubiera una balanza donde tú pudieras poner a un lado las cosas buenas y al otro las cosas malas que pasaron en Cuba durante los años de la revolución, ¿Qué tú pondrías en cada lado?

JIR: Yo veo las cosas malas: la falta de libertad, el régimen de terror, el estado de policía. Las cosas buenas: creo que en la educación y la salud se han hecho algunas cosas pero a un precio muy costoso. Es matar mosquitos a cañonazos.

SP: Está buena la frase «matar mosquitos a cañonazos.» ¿El precio costoso al que tú te refieres es el precio de la libertad?

JIR: El alto costo en todo sentido: en la libertad, en la economía, en la etnicidad, en todo. El despelote es lo que se ha formado en Cuba, la «relajocracia», la democracia del relajo que había: el choteo, el lío.

SP: O sea, que las cosas no se regían por instituciones.

JIR: En la época de Grau se robó descaradamente, pero el campeón de eso fue José Manuel Alemán, Ministro de Educación de Cuba, que después compró la parte de Key Biscayne que daba a la playa de «El Farito». Se llevó no sé cuántos millones, como lo que se llamó el «Inciso K», que era Ministro de Educación y parte del dinero lo dedicó a la política. Miguel de Marcos, que era un periodista muy agudo, muy irónico, en Cuba decía «Explíqueme una cosa, doctor Grau, ¿cómo fue posible, usted que fue el santón de la revolución del '33, el Mesías de los estudiantes, usted que hizo tantas leyes revolucionarias en el '33, que ha tenido un gobierno constitucionalmente elegido, cómo fue posible que su ministro Alemán se llevara tanto dinero de este país, sacara tanto dinero de este país?» Dice Grau: «Muy sencillo, en maletas.» Eso lo dijo por televisión. ¡Qué cinismo! Doña Paulina, la viuda del hermano, era la que manejaba los dineros, y era socia de Alemán, que llegó a Miami con una maleta cargada de dinero.

La Plataforma Democrática y la cultura política

SP: Ustedes la Plataforma la fundaron con la idea de que sí había una transición política en Cuba, ¿estar prestos a gobernar?

JIR: Prestos a negociar. No pretendíamos acaparar el gobierno. Es más, estábamos dispuestos a ampliar la Plataforma con los que quisieran dialogar, en aquel momento «los dialogueros» éramos nosotros nada más, los demás al contrario. Además, preferimos pertenecer o hacerlo con grupos que tenían fuerzas internacionales, como la Democracia Cristiana, la Social Democracia y los Liberales.

SP: Para respaldarse de esa fuerza internacional.

JIR: Exacto y para poder utilizar sus conexiones, sus gobiernos, que son muchos. En muchos países de Europa los tres están representados en un mismo gobierno. Porque hay muchos pactos de coalición, como en Chile y en Europa eso pasa mucho. Y eso nos abrió las puertas en el Parlamento Europeo, en los 20 congresos a los que hemos podido asistir, gracias a la palanca que hemos metido con la internacional.

SP: Cuando yo estudiaba para el doctorado en la Universidad de Chicago, cogí cursos de Ciencias Políticas y ahí aprendí que los sistemas multipartidistas al final de cuentas son más democráticos que los bipartidistas. El bipartidismo lo que acaba siendo es que los dos se mueven hacia el centro y cada uno pierde su distinción. Hay muchas cosas que no se articulan en la sociedad por tratar de llevarse el 51% de los votos. Si tú puedes formar coaliciones de dos partidos hoy, y cuatro mañana, la gente se va articulando más y negociando. Sin embargo, pensando en el pasado de Cuba, creo que nosotros de democracia electoral conocemos muy poco históricamente. Pero quisiera pensar que el futuro Cuba se pudiera acercar más a ese modelo multipartidista, que es más latinoamericano, más europeo. Ojalá que así sea.

JIR: Sí, y más europeo también. En algunos países después de la caída del comunismo llegaron a formarse hasta ciento y pico de partidos.

SP: Ya eso es un exceso: cuatro, cinco, o seis es suficiente.

JIR: Es un desorden, eso es el «micro pluralismo».

SP: Me imagino que lo que les pasó a esa gente es que como nunca pudieron hablar antes, ahora están expresándose.

JIR: Exacto. Eso va a pasar en Cuba también, todos los grupitos van a querer formar un partido, de hecho está pasando ya, en Cuba hay una multiplicación celular...

SP: De pequeños partidos. Antes hablábamos de la falta de unión del exilio y el hecho de que la unión no se puede lograr. Creo que eso es un hecho y hay que aceptarlo como tal; pero por otra parte yo creo que parte del hecho de que la unión no se ha encontrado en el exilio es triste, por no haber sabido hacer lo que Concilio Cubano ha sabido hacer. La unión de Concilio Cubano es a base de un criterio sumamente importante pero mínimo, que es el hecho de que la gente esté de acuerdo con el plebiscito y una salida electoral pero no piden que estén de acuerdo o en desacuerdo con el embargo, no piden que estén en acuerdo o en desacuerdo con principios cristianos. Por lo demás se deja que la gente discrepe.

JIR: Un poco la Plataforma ha hecho ese ensayo, se ponen tres o cuatro cosas para estar de acuerdo, y más nada.

SP: Pero entre la Plataforma y los grupos más de derecha, como la Junta Patriótica Cubana y la Unidad Cubana nunca se ha logrado en el exilio una unidad basada en el criterio mínimo, que todos sí comparten, que es que haya una salida electoral con Cuba. Yo no sé por qué no se puede lograr algo así y que se olviden si están de acuerdo o no con el embargo.

JIR: Porque parten de la base de que mientras los hermanos Castro y los comunistas estén allí, no hay posibilidades ningunas. Y hay que derrocarlos; como no se quieren ir, hay que meterles la fuerza.

SP: Pero sí se logró en Chile el plebiscito estando Pinochet.

JIR: Los cubanos políticamente somos muy pencos. El cubano es muy bueno individualmente. A mí nunca se me olvida que un americano una vez me dijo, «Mire joven, un cubano más un cubano, no es igual a dos cubanos. Un cubano más un cubano es igual a 11 divisiones.» En eso tenemos la herencia hispana, el individualismo feroz de los españoles.

SP: Y además yo creo que es debido a la falta de práctica política de la democracia. Creo que la política como juego de negociación se aprende en la práctica; en realidad los años de república vigente en Cuba son muy pocos.

JIR: Había una falta de educación cívica.

SP: Esto también es irónico. El americano, tiene más educación cívica pero, no tiene el mismo sentido de orgullo acerca de sus líderes, como Abraham Lincoln y otros. Mientras que los cubanos si se sientes orgullosos de su bandera, de José Martí, de su patria, o sea, que nos inculcaban esas cosas, pero no el juego político. Es un fallo en la educación.

JIR: Ni la decencia política. Además, cuando nos toca a nosotros ser jefecillos de algo, entonces ya nos creemos. Yo siempre recuerdo la frase de Miguel de Unamuno una vez cuando le preguntaron: «Dígame, Don Miguel, ¿cuántos millones de hombres hay en España?» y él contestó: «En España hay 28 millones de reyes.» Porque cada uno quiere ser el máximo rey. Ese individualismo nos mata. El cubano es muy bueno individualmente para negocios —hasta llega a ser Presidente de la Coca Cola (como Roberto Goizueta).

SP: Se destaca como individuo.

JIR: Como individuo. Somos gente trabajadora, pero trabajar en equipo, el «team work» no existe entre los cubanos, para la política, aunque para los negocios sí. Es curioso.

SP: Es un problema cultural.

JIR: Cultural, sí. Luego el «mambisismo» nos ha hecho mucho daño. Es decir, el espíritu mambí. La guerra la hizo el mambí: 30 años de guerra, los 10 años, la Guerra Chiquita. Nos acostumbramos a unir la patria con el machete.

SP: A las soluciones bélicas, porque eso es ser hombre.

JIR: Violentas. A ser macho, ser hombre. Fíjate que hasta el himno nacional nuestro dice «morir por la patria».

SP: Es sumamente militarista.

JIR: La cosa es muerte o héroes. De un personaje patriota como Coyula se dice, «No pincha nada», un líder serio, «No obtuvo la independencia, no hizo nada,» «Montoro fue un autonomista.» Nos acostumbramos a desprestigiar lo que no sea impuesto, lo que no sea violentamente heroico.

SP: Eso lo dijo, Octavio Paz, uno de los mejores pensadores de nuestra época: que el problema de Cuba y Castro era el problema del caudillismo en Latinoamérica.

JIR: Y Martí, a mi juicio, cayó en el error de creerse que de verdad tenía que ser un Maceo y entonces lo mataron. No era su papel.

SP: Y eso lo empujó a probar.

JIR: A suicidarse, prácticamente. Y entonces ha quedado siempre en eso. Una república es de Generales y después vienen los Doctores. Yo creo que tenemos mucho de eso. Hay un libro de Carlos González Palacios sobre esto: *Revolución y Seudo-Revolución en Cuba (1948)*. Él fue un gran profesor en Cuba, profesor de Oriente donde él trata el tema este del mambisismo y el daño que nos ha hecho. Parte del exilio lo que ve es eso, lo consideran una indignidad el hablar con el enemigo. Eso no se puede hacer, lo que hay que hacer es matarlos. Pensamos en el tiranicidio como única fórmula, mientras Fidel esté ahí, no hacer nada. Pues el pueblo chileno fue más inteligente políticamente.

SP: La actitud de los cubanos es que el tratar de negociar con el enemigo es una deshonra.

JIR: Te manchas las manos.

SP: Mientras que en la tradición anglosajona, el juego político es que la política es una serie de compromisos y algunos de esos compromisos con tu contrario puede que no sean lo que uno quisiera, pero de ahí tú sacas un partido que no hubieras podido sacar de otra forma. La política siempre es sucia, en ese sentido.

JIR: La política es el arte de lo posible: si pasa, si se puede. Nosotros también en eso, el todo o nada, el término medio no lo entendemos. Tiene que ser todo o nada. Contra una realidad de hace 40 años, tú no puedes pensar que mañana vas a liquidar aquello y vas a volver al '59. ¡Estás loco! Eso no, ablándate o perece. Eso del todo o nada. Como decía la frase aquella: «O comulgan todos los días o queman conventos, con ellos no hay término medio.» Un extremo o el otro, el extremismo; y por eso estamos estancados aquí en el exilio. Cualquier paso hacia Cuba, desde el Papa hasta el que sea dicen que está manipulado por Cuba, por Fidel. Y Fidel mientras tanto muerto de risa, encantado de la vida: «¡Qué sigan pensando así. Yo aquí me despacho más tiempo!» Mientras que si tú entras, insinúas, poco a poco se va logrando un cambio. Lech Walessa (líder del movimiento «Solidaridad» en Polonia) me dijo: «A mí me costó 10 años hablar con el General Jaruzelsky porque al principio no quería llevarse por nadie. Entonces había que insistir. Como nosotros no teníamos metralletas tampoco, la única fórmula era presionarlo por aquí y por allá, nacional e internacionalmente. Una cosa que nos ayudó mucho era el entra y sale que había en Polonia.» O sea, que no había el bloqueo como hay aquí, los polacos salían y los húngaros y todo eso facilitó mucho porque no perdieron el contacto con el mundo. Son las cosas que yo veo del pueblo de Cuba, que han perdido mucho el contacto con la realidad ajena, no saben lo que es. Están como ciegos.

SP: Lo que yo he podido ver en mis viajes a Cuba es que la mayor, parte de la gente jamás ha viajado a otro país, jamás ha leído otro periódico que no sea el *Granma* o *Juventud Rebelde*, los libros aprobados y no los desaprobados. En realidad, yo admiro a los jóvenes en Cuba que han hecho todo lo posible por educarse a base de pasarse los libros los unos a los otros, y a base de tratar de imaginarse cosas que no han visto nunca. Porque la falta de alternativas que existen en esa sociedad es impresionante.

JIR: Yo mandé a Cuba unos cuantos libros del Instituto Jacques Maritain, ya que encontré a un grupito que se interesa mucho. Otra cosa que estamos haciendo nosotros, es traer gente de Cuba, adoctrinarlos dos semanas, los llevamos a Caracas o a Santo Domingo, pero vuelven a Cuba. Nadie se puede quedar aquí, ese es el compromiso; pero les da un aliento y una esperanza.

SP: Osvaldo Payá viajo a Venezuela y vino a Miami también. No lo he conocido pero por lo que veo de lejos, me impresiona muy bien, como una persona muy íntegra y lo sigue luciendo a través del tiempo, a pesar de las mil y unas cosa que le han hecho, lo cual me dice a mí que ha de tener una cierta astucia política.

JIR: Elizardo Sánchez-Santa Cruz, que es socialista, es mucho más ligero, políticamente hablando. Para mí es el más astuto de todos los dirigentes. Decía Bosué, el gran orador francés y sacerdote católico, nada menos que «los pillos en política muchas veces sirven para lograr lo que los santos jamás podrían lograr.»

SP: Sobre el propósito de la Plataforma, según tú me dices, no era tanto gobernar en Cuba, el día que llegara una transición, sino negociar.

JIR: ¿Quién va a gobernar en Cuba? No se sabe. Hacerse ilusiones de que el exilio va a gobernar... Hay que estar muy claros en eso. Ahora nosotros queremos hacer el puente. El cubano de allá, básicamente va a ser el que va a gobernar; que logremos alguna representación del exilio tal vez, pero hay que ser muy abierto en esto. Lo importante es impulsar el cambio, hágalo quien lo haga.

SP: ¿Cuál sería el papel de los cubanos de allá con respecto a la Plataforma en un momento así?

JIR: Hasta ahora hemos tenido muy buena repercusión en Cuba, con los líderes disidentes. Por ejemplo, Osvaldo Payá nos ha mandado documentos firmados apoyando la Plataforma. Nosotros incluso hemos bajado un poco el diapasón en el exilio para ir más al seguro. Rara vez verás declaraciones nuestras en el exilio, porque el exilio ha perdido vigencia cada día más, entonces si no penetras allá con boletines, con visitas, sacando gente de Cuba, es perder tiempo. A lo mejor hasta eso también es perder tiempo, yo no sé.

SP: Yo creo que esas cosas valen.

JIR: Esas cosas de estar gritando aquí en una radio cubana «¡Fidel, el tirano...!» Es deprimente cuando lo oyes varias veces.

SP: A mí nada de eso me interesa, me aburre. Yo no lo oigo.

JIR: Yo de vez en cuando la pongo porque no me queda más remedio, para ver cómo está la onda...

SP: Yo creo que es contraproducente, porque genera un estado de ansiedad aquí. Yo estuve aquí en Miami en las Navidades del '97, cuando aún no había conseguido el permiso para ir a Cuba, no sabía cómo hacerlo, para la visita del Papa. Y el exilio de Miami estaba que ardía, puesto que se planeaba que iban a llevar a cubanos del exilio a Cuba en un crucero para que asistieran por sólo un día a la última misa del Papa en La Habana. De verdad que yo me puse bastante nerviosa, yo que por lo general soy bastante controlada y carezco de miedos, de buenas a primera no dormía bien, y me di cuenta que me estaba afectando todo aquel conflicto del crucero. Por fin fui. Mi amigo el Padre José Conrado (Rodríguez) me dijo: «Ve, que vas a aprender mucho.» Y fui, porque a mí me parecía que yo no me debía de perder de ver el significado de esto en Cuba.

Imágenes sobre el exilio

JIR: Como decía Sófocles, el gran filósofo «el exilio es un árbol con las raíces al aire». Las raíces se van muriendo.

SP: Para mí esa imagen está bonita. Con mis estudiantes yo utilizo otras imágenes. Una es la imagen que viene del libro *The Uprooted*[3] (*Los desarraigados*) —el árbol que ha perdido sus raíces. Ahí está el dolor, está la pérdida, porque perdió sus raíces, su cultura, su lengua, su religión, su familia, su música, su arte. La otra imagen es la que viene del libro *The Transplanted*[4] (*Los transplantados*) —el árbol que se transplanta, y vuelve a echar raíces, crea instituciones y trata de ajustarse a través de su cultura al nuevo medio, de forma híbrida. Esta otra imagen que tú me das ahora también es muy válida: el árbol que se cae y las raíces al aire se van muriendo.

JIR: Todas son imágenes válidas. En el orden cívico sobre todo, Miami es una muestra del trasplante.

SP: Tu hijo Joe Rasco, que va a ser alcalde de Key Biscayne —eso es precisamente lo que es un transplante: de tu capacidad política en Cuba a la capacidad política de Joe aquí en la Florida.

Creo que hay otro aporte del exilio al futuro de Cuba que no muy a menudo se reconoce. Cuando estuve en Cuba durante la visita del Papa, fui a ver a mi familia de Santa Cla-

---

[3] Oscar Handlin. 1973 [1951]. The Uprooted: the Epic Story of the Great Migrations that Made the American People. Boston: Little, Brown.

[4] John Bodnar. 1985. The Transplanted: A History of Immigrants in Urban America. Bloomington: Indiana University Press.

ra, a la mayor parte de ellos no los conocía y a los que conocía, no los había visto desde mi niñez en el año '79. Una de las cosas que me di cuenta estando allá, es que hay un libro que habla sobre mi familia, escrito en Santa Clara en 1858, que se llama *Memoria de la Villa de Santa Clara*. Ese libro ya no existe en Santa Clara porque vendieron los libros y los regalaron. Yo le dije a la familia de la isla que yo lo había encontrado hacia un año y le saqué copia a toda la familia de Miami para que supieran de dónde veníamos. Se lo regalé a todo el mundo, por Navidad, y también se lo mandé a Cuba a mis primos de Santa Clara. Entonces mi prima, Marta Anido (Gómez-Lubián) que fue miembro fundadora del Partido Comunista de Cuba, y a la que más le gusta la historia en la familia, me escribió y me dijo cuánto me lo agradecía. Es realmente impresionante, me decía, pensar que ese libro ha vuelto a Cuba desde allá.

JIR: Verdad.

SP: Y yo lo pienso muchas veces cuando ustedes mandan las cosas de la Editorial Cubana allá también. Creo que hay un rescate de la cultura que yo creo que es más valioso que lo que nosotros mismos nos damos cuenta. Hemos ayudado a los de allá a que no se pierda parte de esa cultura.

JIR: Además es casi una tradición ya, porque gran parte de la cultura cubana siempre se ha hecho en el exilio. Varela, Saco, Martí, Heredia, todos escribieron en el exilio. Gran parte de las obras clásicas nuestras han sido hechas aquí, en el exilio.

SP: Creo que el árbol también se trasplanta y da frutos, pero a la vez hay parte de ese árbol que muere.

JIR: Que muere, sí. Eso es un poco nostálgico.

SP: Es triste, pero desde mi punto de vista sociológico me parece que es, hasta cierto punto, necesario. Porque la lucha por qué es lo que va a ser Cuba en el futuro creo que la tienen que librar mayormente los que están allá —aunque con nuestra ayuda, la ayuda de los que estamos afuera. Jamás se me ha ocurrido pensar que debiéramos lavarnos las manos del problema de Cuba, como un Poncio Pilatos. Tenemos un papel que jugar.

JIR: El de co-ayudar a los de allá. Además los que han sufrido aquello allá son ellos.

SP: Además porque ya es medio siglo, muchos años con los cuales ellos más que nadie tienen que ver. Como ahora en la Unión Soviética se debate a quién se le publica, a quién no se le publica, quiénes decimos que son los fundadores, cuáles son las estatuas que vamos a tirar, cuáles son las que dejamos. Todo eso mayormente lo tienen que decidir ellos.

JIR: La voz cantante va a ser la de Cuba. Yo siempre me acuerdo mucho de los republicanos españoles. Estaban exiliados por todas partes del mundo. En Washington había un grupito y yo me hice muy amigo de ellos. Mira, a mí me daba risa cuando yo vi aquello porque eran tan parecidos a los cubanos, decían: «Ya Franco está enfermo, en Barcelona el otro día hubo una sonada.» Todos creían que iban a devolverle los cargos que habían ocupado en Valencia o en Sevilla. Locos, deliraban. Yo he visto reuniones cubanas aquí que son así mismo. El exilio pierde el contacto con la realidad de la isla. Aún nosotros mismos que somos los que hemos estado más vinculados a Cuba y tratamos siempre de contactar con gente que viene y de llevar gente a Cuba. Pero la vivencia es única.

SP: Tengo que darte muchas, muchas gracias. Ha sido una gran vida cubana, siempre en la oposición.

JIR: Una labor fenomenal la tuya.

José Ignacio Rasco interrumpe el discurso del Che Guevara en la quinta sesión plenaria del Consejo Interamericano Económico y Social celebrado en Punta del Este, Uruguay en agosto de 1961, gritándole: ¡asesino! Obsérvese que Rasco es sujetado por un guardia de la policía uruguaya que lo detuvo por poco tiempo.

Laureano Batista y José Ignacio Rasco visitan Chile en los primeros años del exilio buscando cooperación en sus actividades anticastristas.

José Ignacio Rasco asiste a la III Conferencia Mundial de la Democracia Cristiana celebrada en Santiago de Chile en julio de 1961.

José Ignacio Rasco con Alejandro Agag de la Internacional Demócrata Cristiana en la presidencia de una reunión de la Plataforma Democrática Cubana. Madrid, 1990.

José Ignacio Rasco hablando en el «Seminario Internacional sobre Desarrollo Humano en América Latina», Santiago de Chile, agosto 1996.

José Ignacio Rasco, Vicente Fox (Presidente de México) y Ricardo Arias discuten la situación de la disidencia interna en Cuba, el día anterior a la Cumbre de los Presidentes en Lima, noviembre 2001.

José María Aznar (Presidente de España), José Ignacio Rasco y Julio Hernández, Secretario General del PDC discuten el caso cubano el día antes del inicio de la Cumbre de los Presidentes en Lima, noviembre 2001.

José Ignacio Rasco visita la habitación donde Jacques Maritain vivió sus últimos días, cerca de Toulouse, Francia.

Reunión del Instituto Jacques Maritain de Cuba en casa de José Ignacio Rasco. En la foto Rasco con Francisco Javier Muller.

Reunión del Instituto Jacques Maritain de Cuba en casa de José Ignacio Rasco. En la foto: Raquel Rodríguez Solana, José B. Lacret, Nora Lacret, Sra. de Puente, Estela Rasco y Pedro L. Guerra.

Reunión del Instituto Jacques Maritain de Cuba en casa de José Ignacio Rasco. En la foto de izquierda a derecha: Luis Gómez Domínguez, Consuelo Gómez Domínguez, Olga Lydia Fernández, Dr. Virgilio Beato y José Ignacio Rasco.

José Ignacio Rasco en la presentación de su libro
Huellas de mi cubanía en el Koubek Center el 13 de abril de 2002.

Manolo Salvat, José Ignacio Rasco y Horacio Aguirre en la
presentación del libro de Rasco.

José Ignacio Rasco con Uva de Aragón que estuvo entre los presentadores del libro *Huellas de mi cubanía*.

José Ignacio Rasco con su esposa Estela y sus hijos Joe Rasco y María Rasco Lytle en la presentación de su libro *Huellas de mi cubanía*.

José Ignacio Rasco, Presidente de Honor y Secretario de Relaciones Exteriores del Partido Demócrata Cristiano de Cuba, participa en el Seminario Cuba y Democracia auspiciado por la IDC, en Roma, Italia, 28 y 29 de octubre de 2004.

José Ignacio Rasco, Uva de Aragón, Manolo Salvat y Carlos Alberto Montaner en la presentación del libro *Crónicas de la República de Cuba. 1902-1958* de Uva de Aragón que tuvo lugar en FIU el 29 de marzo de 2009. Rasco, Montaner y Horacio Aguirre fueron los presentadores del libro.

www.ingramcontent.com/pod-product-compliance
Lightning Source LLC
Chambersburg PA
CBHW030320080526
44584CB00012B/644